MAMÁ
DEBUTANTE

Traducción: **Francisco Camilo Delgado**
Revisión literaria y adaptación: **Nathalie Ortiz**

MAMÁ
DEBUTANTE

Olivia Toja

EDITORIAL
TRILLAS

México, Argentina, España,
Colombia, Puerto Rico, Venezuela

Catalogación en la fuente

Toja, Olivia
    Mamá debutante : ¡la guía que todas las jóvenes esperaban! -- México : Trillas, 2013.
    239 p. : il. ; 23 cm. -- (Padres debutantes)
    Traducción de: Maman débutante
    ISBN 978-607-17-1548-7

    1. Madres. 2. Niños - Cuidado e higiene. I. t.
II. Ser.

    D- 649.10242'T815m   LC- HQ769'T6.5

Título de esta obra en francés:
Maman débutante
versión autorizada en español
de la edición publicada
en francés
© 2010, Editions First, París
ISBN 978-2-7540-1101-3

División Administrativa,
Av. Río Churubusco 385,
Col. Gral. Pedro María Anaya,
C. P. 03340, México, D. F.
Tel. 56884233, FAX 56041364
churubusco@trillas.mx

División Logística,
Calzada de la Viga 1132,
C. P. 09439, México, D. F.
Tel. 56330995, FAX 56330870
laviga@trillas.mx

Tienda en línea
www.trillas.mx
www.etrillas.mx

Miembro de la Cámara Nacional de
la Industria Editorial
Reg. núm. 158

Primera edición, abril 2013
ISBN 978-607-17-1548-7

Impreso en México
Printed in Mexico

Prefacio

El nacimiento de un bebé es maravilloso, mágico e inolvidable; pero también está lleno de preguntas e inquietudes, incluso de angustia para los parientes más próximos, sobre todo para la mamá.

Olivia Toja hizo de su libro (preciso y lleno de humor) una obra de teatro con cientos de actos diversos, plagada de buenos consejos para antes, durante y después del nacimiento.

Este "instructivo para la mamá debutante" va a tranquilizar plenamente a las jóvenes, y no tan jóvenes, cuando se encuentren a solas frente a su bebé y sus pequeños problemas.

Es para mí un placer escribir este prefacio, ya que cuidé de Olivia cuando era una bebé, luego una niña y, ahora, cuido de su hijo Anton.

A su autora, a sus lectores, de todo corazón.

Dr. Regottaz (pediatra)
Antiguo interno del Hospital de Niza.
Médico del Hospital Lenval.

índice de contenido

Introducción

Para Anton

Clap, clap, clap. ¡Bravo! ¡Viva! ¡Hurra!

Todo el mundo viene a felicitarte, te abrazan, te regalan flores, te toman una foto...

¡Parece que has estado genial! ¡Has hecho una entrada en escena des-ta-ca-ble! Has tenido un parto formidable! ¡Un espectáculo que corta la respiración! Los llantos, los gritos, las risas, las expresiones de tormento... ¡Una verdadera puesta en escena!

Por otro lado, tu esposo, el empresario, lo grabó todo para conservar el recuerdo de tu actuación. Hace falta decir que tuviste que pasar nueve meses para madurar en tu papel, preparar sus efectos, repetir la puesta en escena con precisión... y ahora (redoble de tambores): ¡eres mamá!

Es lo que soñabas desde hace mucho tiempo, sientes que vas a poder entregarte por entero a tu bebé. ¡Ser mamá debutante es un papel hecho para ti!

Y sin embargo, ¡pánico escénico! ¡Ay! Esta bola en el vientre...

Durante todo tu embarazo no dejaste de hacerte preguntas; pero no eran nada en relación con lo que te espera ahora que la pequeña semilla se convirtió en un hermoso fruto.

El único método eficaz para estar menos angustiada es la preparación. ¡Pregúntale a los actores profesionales!

Para saberlo todo acerca de los cuidados que tu bebé debe recibir, MAMÁ DEBUTANTE te proporciona un instructivo. ¿Qué te servirá para enfrentarte a todas las situaciones, datos, artimañas y trucos de la maternidad? Se reúnen aquí los testimonios y los preciosos consejos del doctor Regottaz, pediatra durante más de 30 años.

Gracias a esta obra aprenderás cómo hacer frente a:

* Las infinitas repisas de pañales.
* Las invasiones imprevistas de granitos rojos.
* Las variaciones inesperadas de gritos y llantos.
* Las mil y una recomendaciones de tu madre.
* Las múltiples gestiones administrativas y apoyos financieros.

Vayamos. Sin miedo. ¡No hay errores en el casting! Vas a estar formidable en tu actuación. Incluso es posible que puedas decir algún día: "¡ser mamá es el papel de mi vida!".

¿QUÉ TIPO DE MAMÁ ERES?

1. Al inicio de tu embarazo:

   ☁ Parecías tener inconvenientes de último minuto.
   ☀ Tenías todo preparado semanas antes.
   ⚡ Tenías todo preparado meses antes.

2. Amamantaste:

   ☁ Hasta que tu bebé lo quiso.
   ☀ Hasta que regresaste al trabajo.
   ⚡ Algunos días, no te sentías muy cómoda, te inquietaba no tener suficiente leche.

3. ¿Qué hacías para alimentar a tu bebé de ocho meses?

   ☁ Le dabas cualquier cosa que estuviera de promoción en el supermercado.
   ☀ Alternabas alimentos ya preparados y comida casera.
   ⚡ Le preparabas un puré de legumbres para cada comida.

4. El álbum fotográfico de tu bebé:

☁ Parece una caja de zapatos en la que las fotos se encuentran des-
ordenadas.
☀ No captura más que los momentos esenciales (cumpleaños o na-
vidades).
⚡ Está lleno de fotos, pequeños recuerdos y mensajes.

5. Es de madrugada. El bebé de 11 meses tiene 39 °C de fiebre. Tú:

☁ Le das una dosis de paracetamol pediátrico y vuelves a acos-
tarte.
☀ Le das una dosis de paracetamol pediátrico y te quedas junto a él
en espera de que la fiebre disminuya.
⚡ Llamas inmediatamente a tu pediatra.

6. Son las 5 de la mañana. El bebé de seis meses comienza a gritar.
¿Qué haces?:

☁ Lo cargas y lo llevas a tu cama por el resto de la noche.
☀ Esperas algunos minutos antes de ir a verlo, después le explicas
que es hora de dormir.
⚡ Vas a verlo y te quedas con él hasta que vuelve a dormirse.

7. ¿Qué haces cuando tu bebé tira el biberón?

☁ Lo limpias con un pañuelo desechable.
☀ Lo enjuagas con agua.
⚡ Lo lavas inmediatamente con agua caliente y después lo esterilizas
lo mejor posible.

8. El pequeño de nueve meses quiere agarrar todo:

☁ Lo dejas, ¡es necesario que descubra el mundo!
☀ Le dices "no" cada vez que toca una cosa peligrosa.
⚡ Quitas todos los objetos peligrosos del camino para que no se
lastime.

9. Los juguetes que le compras son:

- Los que hacen el menor ruido posible.
- Los que parecen más divertidos.
- Los más educativos.

10. Es el primer cumpleaños del bebé, tú:

- Pones una vela sobre un pastelillo y tomas fotos.
- Preparas un pastel e invitas a algunos amigos.
- Pasas tres días preparando una fiesta.

SI TIENES UNA MAYORÍA DE ☁

Eres una mamá "cool" o "adelántate, yo te sigo".

Este tipo de mamá es una mujer que escucha sus instintos. Durante todo su embarazo hizo lo que consideró mejor: siguió fumando y saliendo, haciendo el amor hasta el último día. Su mamá fue muy relajada (y ahora ella le sirve de modelo), o bien, demasiado severa y su actitud es una forma de reaccionar a esto. La mamá "cool" ama a su bebé más que a nada, ha leído todo lo relacionado con el tema, considera que su niño es una pequeña persona y que él sabe lo que necesita: lo amamantó (porque era muy fácil y en absoluto exigente) hasta que él quiso (los dos años).

No tiene principios educativos bien definidos: si el niño quiere ver la tele todo el día, ¡es él quien la ve! No siente la obligación de estar bien organizada: si el pequeño no tiene ganas de desayunar, puede comer papitas, la golosina propia de su edad. Prefiere que su hijo se alimente con comida ya preparada porque después de regresar del trabajo no tiene ánimo de cocinarle purés caseros.

Sus fortalezas: es jovial y dinámica.

Sus debilidades: es un poco despreocupada, por ejemplo, en aspectos de seguridad e higiene en los alimentos.

Si tienes una mayoría de ☀

Eres una mamá "perfecta" o bien, la señora "hago todo como es debido".

Este tipo de mamá llega a hacerse mucho mal al tratar de ser exitosa en todo. Siempre busca encontrar el justo medio: severa, pero no demasiado; inocente, pero sin caer en la ingenuidad; precavida, pero sin estresarse; organizada, mas no obsesiva.

Es equilibrada, procura asumir el cuidado de su trabajo, hogar e hijo. Un día es la mujer maravilla, y el siguiente decide pasarlo solamente viendo jugar a su bebé. Amamantó a su bebé hasta el final de su licencia de maternidad.

No entra en pánico, seguramente ya tiene alguna experiencia con los pequeñuelos: ¿se habrá ocupado quizá de sus hermanos y hermanas?

La mamá "perfecta" está llena de principios: "se come a horas fijas, sin importar si te parece o no". Por tanto, sabe ser flexible y aprovecha los productos que facilitan la vida (cierta comida instantánea, por ejemplo).

Sus fortalezas: busca el equilibrio, procura mantener sus principios sin exagerar y conserva el sentido común.

Sus debilidades: sus métodos son buenos, pero pueden ser algo articulados.

Si tienes una mayoría de ⚡

Eres una mamá "precoz" o "pánico a bordo: las mamás y los niños primero".

Siempre está ansiosa, pero para su bebé ¡es la mejor! Noches de preocupación durante el embarazo (con frecuencia soñó que su bebita nacía con barba); horas de angustia en la sala de parto ("doctor, ¿es normal que el parto dure 72 horas?"); instantes de pánico al tener a su bebé en los brazos.

La mamá "precoz" está llena de buena voluntad, pero no puede evitar la preocupación: ¿por qué no se terminó el biberón? ¿Por qué no camina derecho? La pobre todo el tiempo está cuestionándose, tanto que hasta el bebé se da cuenta ya que lo sobreprotege y apapacha en exceso. Su casa está tan resguardada que debe hacer tres operaciones diferentes antes de tomar algo del armario.

Esta mamá se envenena la vida preguntándose si es una buena madre y si ha hecho bien siguiendo los consejos de su pediatra al pie de la letra.

Sus fortalezas: la higiene corporal y la de los alimentos, así como la seguridad del niño son irreprochables.

Sus debilidades: madre estresada, niño estresado.

Y entonces...
¿ya vas a nacer?

EXPOSICIÓN DE LA ESCENA

Si uno cuenta bien, 38 semanas son 266 días, 6384 horas... e incluso sin tener el ojo puesto en el reloj, todo ese tiempo es demasiado.

Al principio mamá vivió horas febriles, saboreando el secreto de su embarazo, viviendo con emoción los primeros signos de su condición. Mientras su vientre se pone redondo está calmada y cuida de ella. Ha fabricado un capullo y tomado el aire dulce de una virgen con su hijo...

Sin embargo, ya no puede más. Cuenta los minutos. Ya no soporta usar el disfraz del hombre Michelin. ¡Mamá quiere dar a luz!

TÚ EN TU PAPEL DE MAMÁ

Mamá 1. Yo soy "cool".

La mamá "Yo soy cool" desarrolla una filosofía completamente zen: "el bebé llegará cuando quiera" (nótese que este tipo de mamá deja a su hijo o hija en manos del destino sin preocuparse); "dejemos tranquilo al bebé en el calor del útero"; "vendrá cuando tenga que hacerlo". Después de haber practicado yoga por muchas horas, la mamá "cool" está relajada.

> Esta mamá tiene una buena actitud, pero en los últimos momentos de su embarazo, debe armarse de paciencia porque el bebé es quien decide el momento de su nacimiento.

Mamá 2. Yo enloquezco un poco.

Ella intenta guardar la calma, pero incluso después de haber leído todos los manuales de puericultura y haber escuchado atentamente los consejos de sus amigas su angustia comienza a subir.

Es normal estar preocupada por la llegada próxima de tu niño. Todas las preguntas que durante meses nos hicimos están a punto de ser respondidas, aunque todavía hace falta un poco de paciencia. Pronto estarás calmada.

Mamá 3. Me vuelvo histérica.

La naturaleza de este tipo de mamá la hace proclive al estrés. Ella ya acumuló todos los problemas posibles del embarazo; pesadilla tras pesadilla ha imaginado el parto como una escena de carnicería; se encuentra exaltada y quisiera que el niño llegara lo más pronto posible.

Desde luego, los últimos días del embarazo te parecen muy largos… pero esa no es razón para adoptar un ritmo más veloz. Toma tu tiempo para relajarte y si no puedes disminuir tu ansiedad, aprovecha esa energía para concluir los preparativos de tu regreso a casa después del parto.

ESCENA 1
LOS NUEVE MESES QUE SE ACABAN
DE ESCURRIR

Siempre es bueno reconstruir las grandes etapas de tu vida. El embarazo es una de ellas.

Para responder al siguiente cuestionario marca la casilla que corresponda con tu caso.

Lo que estuvo bien

- El resultado positivo en la prueba de embarazo. ☐
- La primera imagen (sí, el embrión con un gran ojo es tu bebé). ☐
- La ecografía que revela el sexo (si es que quisiste saberlo). ☐

- El primer movimiento. ☐
- Sentirte orgullosa de tu notable vientre. ☐
- La alegría, la plenitud. ☐
- El hecho de sentirte mimada por tu entorno. ☐
- Maravillarte ante tu bebé. ☐

Lo que no estuvo tan bien

- Senos hinchados y adoloridos. ☐
- Las ganas de hacer pipí (de pronto tuviste la idea de hacer instalar un orinal entre las piernas o colocarte una sonda). ☐
- La fatiga (la mujer embarazada puede dormirse en cualquier momento, sin importar dónde). ☐
- Las náuseas. ☐
- La sensibilidad olfativa (incluso el adorado aroma del café por la mañana puede revolver el estómago de la futura mamá). ☐
- El sentimentalismo (había que preparar una caja de pañuelos desechables para todas las películas, incluso para aquellas en las que todo era miel sobre hojuelas). ☐
- Las angustias (el miedo de sufrir un aborto, preguntarse si ese riesgo es común, etc.). ☐
- Los granitos ("el retorno del acné juvenil"). ☐
- Las estrías. ☐
- Los eructos y otras flatulencias. ☐
- El estreñimiento, las hemorroides. ☐
- El dolor de espalda. ☐
- Sentir las piernas pesadas. ☐
- Caminar con mareos. ☐
- El peso. ☐
- Otros. ☐

Cuenta 10 puntos por cada reactivo marcado en la primera columna, un punto por respuesta en la segunda columna. Calcula el total.

Entonces, valió la pena ¿o no?

ESCENA 2
LA PREPARACIÓN DE LA CANASTILLA
DEL BEBÉ

¿Por dónde comenzar?
¿Qué talla escoger?

Llevas semanas entusiasmada, completamente efusiva delante de los trajes para bebés recién nacidos. La pequeña ropa nos hace caer en la cuenta de que en un vientre tan grande se esconde una cosa pequeñita.

¿Has notado la manera en que nos enternece la ropita? La mayoría son modelos de adulto en tamaño mini: un abrigo de aviador para el niño de tres meses hace soñar a todas las mamás ("sí, mi hijo tendrá el papel de Tom Cruise en la futura película Top Gun 2"), un juego de ropa deportiva nos invita a imaginar su gran futuro como deportista... Mamá se ha roto la cabeza eligiendo cosas pequeñas y lindas, pero ¡momento! ¿Realmente ha considerado el lado práctico?

Breve lista de los criterios que hay que tomar en cuenta obligatoriamente antes de comprar cualquier cosa

- Estudia de cerca la abertura en el corte de la ropa. Para un niño de pecho el corte debe ser ancho; lo más práctico es evitar todo lo que pueda atorarse en su cabeza. Piensa en los body cruzados y en los mamelucos que tienen los puntos de presión o a lo largo de las piernas. Tu desgaste será menor entre menos tengas que preocuparte por la comodidad del bebé.
- Durante el día los cambios de pañal son numerosos, por eso son mejores los trajes que tienen la abertura por abajo.
- Vigila la elección de la tela: el material de las prendas que toquen la piel del bebé de la ropa debe ser 100 % algodón (no te arriesgues a que contraiga alergias, el algodón lavado a altas temperaturas es suave al contacto).
- Evita los botones cosidos (pueden desprenderse y ser tragados por el niño). En su lugar utiliza botones de presión o velcro.

Por fortuna… ¡ninguna ropa de bebé requiere planchado! Recuerda que nada debe impedir que la adorable ropita cuente con todos los criterios de seguridad y comodidad antes mencionados. Por lo regular, un bebé debe pasar el primer mes vestido con mamelucos. Imagina la felicidad de deambular todo el día en pijama. ¡Esto sólo ocurre una vez en la vida! En cuanto a los modelos y tallas de la ropa para el bebé, ya tendrás tiempo de escogerlos de acuerdo con la corpulencia del pequeño.

Entonces… ¿cómo elijo la talla?

Las ecografías son milagros de la tecnología: no sólo nos permiten controlar la buena salud del niño, también nos ayudan a escoger la talla correcta para vestirlo desde su nacimiento.

- Talla "prematuro": es difícil prever si el bebé nacerá antes del periodo esperado, así que debes hacer las compras después de su llegada.
- Talla "recién nacido": reservada para los infantes de 48 a 52 cm. Sin embargo será poco el uso que se le dé, pues aun cuando el bebé tenga estas medidas, rápidamente pasará a la talla siguiente.
- Talla "1 mes": para los bebés de 53 a 56 cm o de aproximadamente 4 kg. Es la talla elegida con mayor frecuencia. Al principio el bebé "nadará" un poco en la ropa, pero muy pronto llenará el espacio sobrante en la prenda.
- Talla "3 meses": de 57 a 65 cm.
- Talla "6 meses": de 66 a 72 cm.
- Talla "12 meses": de 73 a 77 cm.

¡Cuidado! Las marcas no tienen ningún tipo de acuerdo entre ellas con respecto a las tallas. A veces pasamos penurias: un muslo no cabe en una talla 40, mientras que en la ropa de otra tienda, entra sin problema en una 38. ¡No sabemos por qué! Algunas marcas tienen la amabilidad de añadir la talla en centímetros, éstas serán las únicas válidas.

NOTA. No compres demasiado: más vale esperar para saber exactamente la talla y el peso del niño antes de escoger los trajes. Todo depende de la estación del año en que haya nacido: no sirve de nada buscar una pijama de invierno en el mes de junio ¡no encontrarás eso en la tienda! Además, debes considerar los regalos que lleguen con el nacimiento del pequeño.

ESCENA 3
TODO LO NECESARIO PARA EL BEBÉ

O la increíble cantidad de cosas que necesita un pequeño bebé.

Seguramente te gustaría comprar lo último en "accesorios" para tu bebé, lo más bonito, lo más novedoso, perfeccionado. Estás en tu derecho, sólo lo mejor para quienes pueden dárselo todo. Pero si no es así, contacta a la familia y a los amigos, ya que ellos podrán prestarte numerosos utensilios.

Repítete a ti misma que lo más importante para el bebé es la comodidad y el amor que le proporcionas.

La ropa indispensable

En la lista de ropa para el hospital se debe incluir la ropa necesaria para los primeros días después del nacimiento:

* Ocho bodys cruzados de algodón.
* Ocho pijamas o mamelucos de esponja o algodón.
* Dos chalecos (para el invierno).
* Dos cobertores para bebé (se usarán cobijas extra durante el invierno).
* Seis pares de calcetines.
* Un gorro (será necesario para las primeras horas posteriores al nacimiento porque la temperatura de los bebés se regula por la cabeza y si ésta se enfría el bebé también).
* Una cobija para abrigarlo inmediatamente después de su salida del hospital.
* Seis baberos.

- Seis mantillas de algodón (indispensables para recubrir su hombro al momento de hacerlo eructar y también como almohada para la cuna. Posteriormente estas mantillas nos pueden servir para la limpieza de los cristales).

El material indispensable

He aquí la lista de todo lo que te hará falta para poder ocuparte de "la niña de tus ojos": tu bebé. Estos objetos pueden comprarse en ofertas de ocasión o ser prestados. Procura estar siempre al pendiente de la seguridad; verifica que objetos como la cama, el asiento para el automóvil y la carriola cumplan con las normas.

- Una cuna con barras de seguridad.
- Un colchón con las dimensiones exactas de la base.
- Dos sábanas impermeables.
- Cuatro juegos de fundas.
- Un moisés para sus primeras semanas (opcional).
- Un radio para bebé (preferentemente multicanal y que utilice baterías).
- Un esterilizador.
- Un calentador para mamilas.
- Seis mamilas de vidrio (con chupón, taparrosca, opérculo a prueba de fugas y tapa).
- Un bote de leche en polvo (para la primera etapa de crecimiento).
- Un limpiabotellas para mamilas (con escobilla especial para chupones).
- Una tina de plástico con respaldo.
- Toallas de baño.
- Un mueble para el cambio de pañales.
- Una carriola (en invierno debe usarse cubierta).
- Un portabebé de canguro.
- Una sombrilla.
- Un mosquitero.
- Un asiento de bebé para automóvil.
- Una silla reclinable (debe ser lavable, ligera y multiposiciones).
- Una cama de bebé para automóvil, se usará en los viajes prolongados (el asiento de la carriola está diseñado para ello).

- Una pañalera o cualquier otro tipo de accesorio ligero que sea fácil de abrir con una sola mano.

TODA LA VERDAD SOBRE... LA CARRIOLA

La vendedora de la tienda te va decir: "Es muy cómoda y práctica, funciona para todas las edades." No le creas, forma tu propia opinión. No olvides que el bebé debe sentirse a gusto, aunque seguramente no lo estará si a su mamá le da un dolor de espalda cada vez que mete la carriola en la cajuela del automóvil.

Verifica:

- El peso.
- La dificultad para plegar la carriola (debe hacerse con una sola mano porque la otra estará ocupada por el niño, la pañalera, el oso de peluche, el paraguas, el biberón...
- La proporción (debe entrar sin dificultades en la cajuela del auto, en el ascensor, y desplazarse en un pasillo de autobús).

DEBES SABER QUE:

Seguramente, antes del primer cumpleaños de tu bebé, tendrás ganas de cambiar la vieja carriola por una de asiento plegable, más ligera y práctica.

¿Conservarás el viejo cochecito que hasta entonces paseó al bebé? ¿Tendrás espacio suficiente en tu garaje o bodega?

(Para mayor información sobre la compra de la carriola ve al acto 9.)

En el juego de baño

- Gel desinfectante 2 en 1 especial para bebés.
- Algodón en paquete o en bolitas.
- Compresas estériles.
- Gasas de conservación para el cuidado del cordón umbilical.

- Suero fisiológico en dosis únicas (una ampolleta cada dosis).
- Aspirador nasal (opcional al principio).
- Crema hidratante para bebé.
- Cepillo lavable para cabello.
- Termómetro de baño y termómetro clínico.
- Eosina, solución acuosa 2 % (en dosis).
- Pomada o vaselina (para protegerlo de las rozaduras).
- Crema a base de zinc.
- Desinfectante tipo Diaseptyl (hecho a base de clohexidina).
- Dos paquetes de pañales desechables etapa I.

La decoración de la habitación, los primeros juguetes

- Un móvil.
- Un cubrecama de colores.
- Una o dos sonajas blandas de esponja y algodón.
- Una caja musical.

ESCENA 4
LA MALETA DE LA MAMÁ

Es difícil saber con exactitud cuánto va a durar su estancia en el área de maternidad. El asombro ante tu hijo lo absorbe todo; sin embargo, también debes pensar en ti, en tu comodidad y descanso.

¿Cómo vestir?

Recuerda que pasarás casi todo el día en la cama: debes sentirte a gusto, especialmente si vas a amamantar.

Lo ideal es la ropa cómoda: camisones (si vas a amamantar) o playeras grandes sobre la ropa interior. Es fácil levantar este tipo de prendas por la parte de abajo, de manera que cuando estés en la cama con el bebé te sea más fácil brindarle sus cuidados.

También puedes elegir una bata para pasear por los pasillos de tu casa, pero no olvides las pantuflas, ni los cinco o seis pares de calcetines. Lleva un chal o manta gruesa para cubrir tu espalda.

Está bien si sueñas con salir pronto de la sala de maternidad, pero no te hagas ilusiones, usarás tu ropa de embarazo durante algún tiempo más.

¿Qué debes ponerte abajo de todo esto?

Si amamantas, vas a bendecir a quien inventó el sujetador de lactancia. Abierto en la parte delantera, sin perder el soporte de tu pecho, facilita ampliamente el buen funcionamiento de la fábrica de leche que administras. El problema: ¿qué talla elegir? Desde luego, con el embarazo, tus pechos se han inflamado. ¡Pero seguro no te diste cuenta de nada! La producción de leche transforma tus senos generosos en mamas industriales de dimensiones increíbles. Es por ello que sería muy prudente escoger una talla de sujetador por encima de la tuya hacia el final del embarazo. Algunas mamás comienzan la lactancia con sujetadores muy económicos y enseguida tienen que invertir en otro modelo perfectamente adaptado, práctico y sólido.

Consigue también los accesorios que facilitan la lactancia: almohadillas absorbentes para cubrir los senos (con el fin de recoger el exceso de leche), pomada cicatrizante, etcétera.

Los calzones: deberás seguir usando, incluso después del parto, calzoncillos desechables (no queremos que haya ningún accidente, ni siquiera en la comodidad de tu hogar). Si lo prefieres puedes servirte también de toallas higiénicas: largas, muy absorbentes y en grandes cantidades (dos paquetes).

El aseo de mamá

Después del parto, sueñas con la felicidad de lavarte tan pronto como sea posible. Lleva al hospital varias toallas para baño y otros accesorios de aseo personal.

Piensa en el jabón líquido (para la ducha y las manos) y en la deliciosa sensación del champú. Compra productos poco perfumados para no incomodar a tu bebé (el cual, por cierto, te reconocerá por tu olor natural durante algún tiempo).

Para las mamás que hayan tenido cesárea o episiotomía, la ducha será posible hasta unos días después del parto. Usa entonces el champú que se aplica en seco, tal vez así te sentirás más fresca.

Lleva un desmaquillador 2 en 1, una crema hidratante, otra para el cuerpo, un desodorante y un vaporizador de agua; te ayudarán a refrescarte.

Una secadora es útil para evitar la humedad en tu cabello, humedad que puede provocarle un resfriado a tu niño. También sirve para secar una episiotomía en vías de cicatrización.

Seguramente tendrás algunas visitas, tengas o no ánimos para recibirlas debes hacer lo mínimo necesario para verte bella: un poco de rímel, maquillaje antiojeras, base y brillo para labios serán suficientes. Considera que todo el mundo va a bombardear con fotos al pequeño y seguro aparecerás en varias. Si te sorprenden con el cabello graso, pasarás algunos años arrancando, discretamente, las monstruosas fotografías dispersas en los álbumes familiares.

Pequeños consuelos para mamá

Aun cuando la maternidad es rica en emociones y descubrimientos, puede parecer interminable. Lleva en tu maleta algunas cosas que te permitan matar el aburrimiento o hagan más grata tu estancia en el hospital:

- Una bolsa de dulces o una barra de chocolate harán que la bandeja de comida, a veces tan poco apetitosa, mejore notablemente. (Es bien sabido que los hospitales no acostumbran servir postres a las jóvenes madres recién salidas de la sala de parto).
- Un radio o un reproductor MP3 para relajarte.
- Revistas (no esperes leer un libro, serás incapaz de concentrarte más de dos minutos).
- Una caja grande de pañuelos desechables. La usarás para el sentimiento de admiración que sentirás al contemplar tu obra maestra: la alegría en el rostro de tu pequeño; o bien, cuando tengas baja la moral (debido a que has tomado conciencia del trabajo que costará volver a ser una bella mujer joven, delgada y dinámica), en

ambos casos tendrás motivos para llorar y la caja de pañuelos te será de utilidad.

- La lista de los números de teléfono más importantes: no cuentes con el hombre, él no recordará a quién llamar.
- Pluma y cuaderno (para anotar todo lo que las enfermeras van a decirte y tendrás miedo de olvidar).
- Una cámara fotográfica.

Los papeles administrativos

Deben tener un lugar aparte y estar reunidos en una carpeta o en un sobre de gran tamaño:

- Carnet médico.
- Identificación oficial (del padre y de la madre).
- Grupo sanguíneo.
- Historial médico del seguimiento del embarazo.
- Algún documento que compruebe el reconocimiento del bebé si los padres no están casados.

¡Cuidado! El papá, o la persona que te va a acompañar, debe saber dónde se encuentran los papeles mencionados para evitar cualquier complicación administrativa cuando tengas que ingresar al hospital.

ESCENA 5
LA ORGANIZACIÓN PARA
EL REGRESO A CASA

Con el bebé en los brazos, ya de regreso en casa, no tendrás ánimos para salir en un rato. Las primeras semanas, apenas habrá tiempo para tomar una ducha; además, deberás dar pruebas de tu fortaleza y motivación para no andar en pants todo el día. Por tanto, ir de compras te parecerá tan audaz como ir a hacer alpinismo en el Éverest.

De pronto, OR-GA-NI-ZAR-SE resultará inevitable.

Las compras

Los últimos días de tu embarazo te impidieron ir al supermercado y llevar los víveres que, sin duda, pesaban más que tú. Entonces, ¿por qué no beneficiarse de los últimos progresos de la ciencia doméstica?

De ser posible utiliza Internet para conectarte con las páginas de supermercados en línea, solicita que te envíen los artículos que, por sus características, son los más incómodos a la hora de comprar: dos docenas de agua embotellada, paquetes de cerveza para el padre conmocionado, pañales desechables etapa I, detergente, etcétera.

Si eres de las valientes que no están conectadas, envía a papá con una lista extremadamente clara y precisa de lo que hay que comprar.

Si te sientes con el valor de cocinar, prepara grandes cantidades de comida y congela lo sobrante en porciones. Bendecirás al inventor del congelador cuando tu bebé haya llegado.

¿Enviar o no enviar notificaciones del nacimiento?

Quizá, de vuelta en casa, las ganas de anunciar oficialmente "la gran noticia" te resulten tentadoras. Por supuesto, tus seres más cercanos serán los primeros en enterarse mediante una llamada telefónica; para los parientes lejanos y los amigos quedará como un grato recuerdo haber recibido una notificación.

Otros métodos a tu disposición

1. Clásico: antes del nacimiento, basta con acudir a una imprenta y seleccionar un modelo. Tan pronto como el bebé haya llegado, papá u otra persona dará la información final para imprimir el texto (fecha de nacimiento, nombre, peso o cualquier otro detalle) y recogerá las notificaciones.
2. Creativo: si eres una profesional de la caligrafía o de los trabajos manuales, tú misma puedes realizar tus notificaciones. Pero, ¡presta atención!

- Debes asegurarte de que existan sobres que correspondan con el tamaño de tu creación.
- Vigila el peso de tu notificación: si supera los 20 gramos ¡deberás pagar una tarifa elevada por el envío!

3. Virtual: numerosos sitios de Internet permiten diseñar anuncios de todo tipo. Aprovecha tu tiempo libre para comparar los diseños, hacer clic y enviar tus notificaciones por correo electrónico.

ESCENA 6
RUMBO A LA SALA DE PARTO:
¿IRÉ O NO IRÉ?

En este punto, a mi parecer, es cuando uno siente que todo empieza. ¿Cómo estar seguro de eso? Varias señales de advertencia te van a prevenir.

Las señales de advertencia

La leyenda dice que las mamás que han dado a luz son presas de un frenesí de limpieza con el objetivo de preparar un lugar adecuado para su futuro hijo, ordenado y reluciente en todos los sentidos. Tendrás, sin lugar a dudas, la energía para arreglar el espacio que ocupará tu bebé, es el "último esfuerzo" antes del gran acontecimiento.

Esta agitación se traducirá en tus ganas de pasar a otra cosa, ya has tenido más que suficiente, experimentas una sensación de "hartazgo" sobre los preparativos de tu embarazo y para colmo todo el mundo te pregunta: "y entonces... ¿siempre no? ¿Ya te arrepentiste?". Resulta muy incómodo, sobre todo hacia el final de esta primera etapa.

Otro signo puede ser la pérdida de la mucosa cérvico-uterina, pero no te angusties, este signo puede pasar inadvertido. Es normal que, conforme se dilata, el cuello de tu útero pierda este tipo de mucosa, espesa y gelatinosa. Esto no quiere decir que el parto sea inminente, tan sólo muestra que tu organismo está activo y trabajando.

¡Cuidado! No vale la pena correr a la sala de parto, todavía pueden faltar un par de días para el parto.

Las primeras contracciones se manifiestan en el vientre y la espalda baja: son dolores menstruales multiplicados por 10. El vientre se pone muy duro y luego se relaja. Al principio son irregulares, de intensidades diferentes que pueden calmarse cuando te recuestas. A veces duran toda la noche y al día siguiente ¡ya no sientes nada!

Estas contracciones anuncian el comienzo del trabajo de parto. En ocasiones se les llama "trabajo falso" porque los movimientos son insuficientes para dilatar el cuello del útero. En este momento concluye la maduración y el cuello uterino va a centrarse, encogerse, ablandarse y luego comenzará a abrirse.

Hay que procurar tomar con calma este paso, por ejemplo, podemos tomar un baño tibio, pero si nos encontramos solas debemos respirar tranquila y profundamente.

Si es tu primer niño, todavía tienes unas horas por delante. En el caso del segundo o el tercer hijo el parto puede suceder rápidamente así que no demores demasiado tu traslado al hospital.

Los signos que no se equivocan

Las contracciones intensificadas se presentan con regularidad (cada 5-10 minutos) durante una hora. Si éstas se demoran, llama al hospital, ahí te dirán si ya es tiempo de acudir.

De repente te sentirás mojada, si se trata de un hilo de agua semejante al que utilizan los aviones que apagan incendios forestales, no hay duda de que se ha roto la fuente; éste es otro signo de la inminente llegada del bebé. Comunícate inmediatamente con el área de maternidad para que se preparen para recibirte porque el niño ya no está protegido por el líquido amniótico. Para el viaje debes tener a la mano toallas grandes para cubrir el asiento del automóvil.

¡En el auto!

¡El trayecto al hospital puede parecer muy largo en la recta final de tu embarazo!

- Seguramente estarás bastante angustiada, cansada y sufriendo a causa de las contracciones. Recuéstate cómodamente en el asiento trasero.
- Suplica a tu chofer que vaya despacio, pero que haga todo lo posible por apurarse; también pídele que evite los movimientos bruscos.
- ¡Qué valor! ¡Es el principio de una nueva vida que comienza!

¿Y el papá? ¿Dónde está?

Hay que decir que el centro de todas las atenciones serán siempre tú y tu bebé. El pobre progenitor debe contentarse con el papel de acompañante y testigo privilegiado, encargado de inmortalizar estos instantes mágicos. Sin embargo, el pobre hombre ¡sentirá las emociones! ¡Conocerá las angustias! Dejemos de ver 5 minutos nuestro vientre para concederle unos segundos de interés a nuestro querido ángel.

Un botiquín especial para papá

Quizá papá deba esperar horas la llegada de su retoño y aun cuando lo consideremos nuestro príncipe encantador, sería muy generoso de tu parte prepararle algunos accesorios para que su espera transcurra con suavidad:

- Pañuelos desechables (soltará lágrimas enormes), un cepillo de dientes (él llevará el dentífrico), un cambio de ropa (por si debe pasar la noche allí).
- Algo de comer y beber, botanas olorosas. No siempre hay tiempo de ir a la cafetería, sobre todo por la noche porque está cerrada.
- Un reproductor de MP3, el cual corre el riesgo de ser tomado como rehén de mamá quien va a querer escuchar sus canciones favoritas entre contracción y contracción.

- Cámara de fotos y video con baterías recargadas. No es el momento de decir "voy a cambiar la batería", aquí no hay segundas tomas (ni siquiera en caso de gemelos).
- Un videojuego o reproductor de DVD portátil, después de todo papá debe hallar en qué distraerse (no estará lo suficientemente concentrado para leer, ni siquiera revistas de futbol).
- Su teléfono celular y una lista de las personas a las que habrá que llamar en el momento del acontecimiento (a veces es mejor que la mamá prepare esto de antemano, pues el joven papá puede padecer amnesia por la emoción).

Presenciar o no presenciar el parto

Ha sido demostrado que la presencia del padre en el momento del nacimiento del bebé es un verdadero apoyo para la madre: en esta situación angustiante, exageradamente médica, fatigosa y emocionante, la compañía de un ser querido aporta un considerable nivel de consuelo (también está demostrado que reduce la solicitud de analgésicos). Parece lógico que el papá desee compartir esta experiencia única con su mujer; sin embargo algunos son muy nerviosos, tienen miedo de quedar traumados por las imágenes (su vida sexual puede resultar perturbada durante un buen tiempo); además tienen tanta fobia a la sangre que sería conveniente no acusarlos de cobardía si sabes que la prueba les resulta insuperable.

Hay que platicar este asunto con mucho tacto cierto tiempo antes del parto, de manera que cada uno pueda expresar su punto de vista y, sobre todo, escuchar al otro.

Testimonios

Brenda, 34 años, mamá de Eloísa (tres meses):

"En el fondo, me sentí aliviada cuando Máximo reconoció, en el último momento, que prefería esperar en el pasillo. Yo no quería que se sintiera rechazado, pero tampoco que me viera durante el trabajo de parto. Nos sentimos encantados de reencontrarnos alrededor de nuestro hijo algunos minutos después de su llegada."

Samy, 29 años, papá de Pablo (dos semanas):

"¿Presenciar al nacimiento de Pablo? Fue como tomar conciencia de que mi vida estaba al revés, darme cuenta, más que nunca, de que jamás sería como hasta entonces había sido. Fue un gran regalo; todavía le agradezco a mi mujer por habérmelo dado."

¿Que hacer para ayudar a mamá durante el parto?

Acompañarla y estar con ella es muy gentil, pero si sólo eres un espectador y estorbas la circulación del personal de salud, ¡no ayudas en gran cosa! ¡Venga, futuro papá, muéstrate heroico!

Para ayudarla a pasar por este difícil momento, el papá puede:

- Decirle palabras de cariño: "Pero claro que te quiero… y ahora más", "Tú me has dado el más bello de los regalos", "Gracias por hacerme tan feliz", etcétera.
- Masajear las manos, la nuca, la cabeza o cualquier otra cosa que alivie y reconforte a mamá; (cualquier tipo de rareza esta permitida).
- Darle a beber agua tantas veces como lo solicite, está en su derecho.
- Activar sobre su rostro el vaporizador de agua y limpiarla delicadamente.
- Ayudarla a incorporarse o colocarla en la posición que la haga sentir más cómoda y aliviada.
- Ayudarla a ir al baño.
- Llamar a alguien para que responda alguna pregunta urgente (lo cual debe hacerse sin dar la impresión de entrar en pánico, por favor).

Evitar a toda costa:

- Cuestiones de tipo: "¿Esto hace tanto daño como esto otro?", "¿Cuál es el menú?", o "¿Recordaste pagar la factura del auto?".
- Observaciones del estilo: "uno se aburre aquí encerrado", "¿no habrá televisión en la sala de parto? ¿No? Pfff, ¡me voy de la habitación!".
- Las frases que matan: "¿podrías sufrir en silencio?", "y pensar que mi madre tuvo cinco niños... ¡sin usar analgésicos!", "¡Mira qué fresca se ve la joven de al lado!".

(Evita este tipo de comentarios a menos que tu intención sea que mamá se arranque la cara con las uñas.)

Y tú...
¿quién eres?

EXPOSICIÓN DE LA ESCENA

Listo. Hemos llegado a la sección de maternidad. Hace ya por lo menos 10 horas que te encuentras en trabajo de parto, jadeante, sudorosa y cansada.

Todo el mundo está a tu alrededor preparado para cargar la pequeña maravilla que acabas de traer al mundo. La enfermera te hace entrega de un paquete de buenos consejos, mientras el médico vigila el desarrollo de las operaciones.

Tu compañero, valiente, consagrado a la tarea de ayudarte como muestra de todo su amor. El futuro padre es gentil, te limpia el sudor de la frente, te masajea los dedos… aspiraste y exhalaste a su ritmo.

¿Y tú, qué vas a hacer?

TÚ EN TU PAPEL DE MAMÁ

Mamá I. ¡Bienvenida al mejor de los mundos!

Habían deseado juntos a este bebé, compartieron el mismo entusiasmo por el embarazo y ahora, ¿qué podría ser más natural que ambos asistan al desenlace de la aventura? Le agradecerás a tu pareja por estar allí, por sostenerte y hablarte con esa voz que tanto te relaja.

Esta mamá tiene suerte, termina fatigada y saca provecho de la compañía de su esposo para vivir plenamente su parto. Tal vez su compañero se sienta menos sereno de lo que parece, en todo caso, él debe aplicar los principios aprendidos en las clases de preparación para el parto.

Mamá 2. "¿Terminaremos pronto?"

Después de recibir sus analgésicos por fin respira un poco. Está calmada y no sentirá dolor. Sujeta la mano de papá mientras lo asalta con preguntas: "¿ya llegó el médico? Ve a preguntarle a la enfermera cuánto más estaré aquí. Estoy en ayunas, llevo más de nueve horas, ¡ve a buscarme algo para comer!".

Es normal sentirse angustiada, sin embargo todo el mundo está allí, a tu alrededor, para facilitarte las cosas y velar por tu bienestar. Desde luego, el futuro papá puede cumplirte algunos caprichos este día.

Mamá 3. ¡Al rescate!

Ya no puede más, aullará hasta que el anestesista llegue para mitigar su dolor, se porta odiosa con las enfermeras y con su pareja: "¡fuiste tú quien me metió en este lío, en este cuarto!". Grita, discute, y, entre contracciones, exige una compresa fría para refrescarse y luego una compresa caliente para relajarse.

Tal vez después del nacimiento del niño tu pareja no se acuerde de lo que la hiciste sufrir... ¡no te aproveches de la situación para desquitarte con él! Durante el parto algunas mujeres pierden completamente los estribos, intenta compensarlo (justo es hacerlo, tú sabrás cómo).

ESCENA 1
¡YA ESTAMOS EN LA COMPETENCIA!

Te acaban de mostrar la pequeña maravilla que trajiste al mundo, no has tenido el tiempo suficiente para contar sus dedos de los pies y de las manos ni de decirle "bienvenida". De repente, se la llevan para limpiarla y hacerle una serie de pruebas médicas. ¡Qué temprano comienza el trabajo de sacarse una buena calificación como mamá!

La finalidad de estas acciones es, en primer lugar, evaluar la buena salud del bebé; si hay algún problema, inmediatamente pondrán manos a la obra para ayudarlo.

La prueba de Apgar

Se trata de un conjunto de observaciones efectuadas entre los minutos 1, 5 y 10 de vida; permite evaluar la vitalidad y la buena salud del recién nacido en una escala de 0 a 10. Uno puede anotar los criterios que vale (cada aspecto se evalúa de cero a dos puntos):

- La frecuencia cardiaca.
- La respiración.
- El tono muscular.
- Los reflejos.
- El color (estaba pálido, nació rosado, o nacio con las extremidades azules).

Un promedio entre ocho y 10 puntos es excelente. Entre cinco y siete tal vez requiera ayuda respiratoria o hay que practicarle un vigoroso masaje sobre la piel. Debajo de cinco el bebé se encuentra en una situación difícil, hay que colocarle una máscara de oxígeno.

¡NOTA! Esta prueba será muy útil para contribuir a que el bebé tenga un buen comienzo, sin embargo, no nos dice nada sobre su salud futura.

Los primeros cuidados

El papá observa generalmente las primeras atenciones que se le dan al niño… ¡Incluso puede inquietarse al ver cómo esa cosita tan frágil es manipulada con tanto dinamismo!

- Las mucosidades deben ser aspiradas porque podrían afectar la respiración tanto en la nariz, como en la boca. El procedimiento se realiza mediante una pequeña sonda (puede causar una gran impresión en los papás: "¡olvídelo, no va a hundirle eso en las fosas nasales a mi hijo, doctor!").
- Otra sonda pequeña es introducida por la garganta, hacia el estómago, para verificar que no haya anomalías en el esófago.
- Se revisa que el ano esté húmedo y en su lugar.
- Se coloca una gota de colirio antibiótico en los ojos.
- El ombligo y los pequeños trozos de cordón umbilical que queden se desinfectan, después una compresa es colocada y se sostiene mediante cinta adhesiva o una gasa.
- Se le dan al bebé unas gotas de vitamina K para prevenir la enfermedad hemorrágica del recién nacido.

Ficha descriptiva

Primero se limpia al bebé (se retiran los restos de vernix [secreciones seborreicas naturales] ya sea secándolos o mediante un baño) y luego es examinado por todas partes: es medido (talla, perímetro craneano), pesado e inmediatamente "etiquetado" con un brazalete de nacimiento (también a ti te darán uno). Posteriormente, hay que abrigarlo ya que él vivía a 37.2 °C y debe adaptarse a la temperatura ambiente. Por ahora su sistema de regulación térmica es totalmente inmaduro y le hará falta calor del exterior (especialmente en la cabeza, zona que se enfría con mayor rapidez).

La prueba de Guthrie

Unos días después del nacimiento deben hacer una prueba de sangre al bebé. El análisis tiene la finalidad de detectar la presencia de enfermedades metabólicas raras.

Si no tienes noticias de los resultados al cabo de 15 días, significa que todo está normal. En caso contrario, el médico será informado y se efectuarán las pruebas suplementarias.

Las pruebas neurológicas

El pediatra examinará al bebé para realizar una prueba de su tonicidad muscular y sus reflejos para detectar anomalías. La prueba consisten en:

- Caminar por reflejo. El pediatra pondrá los pies del bebé sobre una superficie dura. Procedimiento: El bebé es sostenido mientras da unos pasos (también puede que deba sortear algunos obstáculos).
- Se coloca un dedo en la palma de la mano del bebé, si éste lo aprieta fuertemente (reflejo de prensión) y extiende todo el brazo debe ser posible, mediante un tirón moderado, incorporar ligeramente al bebé.
- El pediatra alza al niño por las manos y lo suelta: por reflejo, el bebé debe extender los brazos, abrir las manos y cerrar sus brazos en un movimiento de abrazo.

Testimonios

Rafaela, mamá de Lucas (un mes):

"Me acuerdo de la impresión que me causó la visita del pediatra… Yo, que tantas precauciones tomaba para mover a mi bebé, me di cuenta de que a la par de su fragilidad ¡tiene un cuerpo muy resistente!"

ESCENA 2
¿NO ES HERMOSO MI BEBÉ?

El amor nos deja ciegos, no vamos a discutirlo. Cuando sientes que el amor maternal te invade también sientes orgullo de haber engendrado un pequeño ser humano que llegó en paquete completo: dos ojos, cuatro extremidades, cinco dedos en cada mano y cada pie (los cuales la indiscreta mamá no se ha cansado de contar más de mil veces).

Sin embargo, hay que decirlo sin miramientos: este niño ¡es horrible!

Testimonios

Lisa, 32 años, estilista:

"Cuando Carla nació era azul… o más bien índigo. Afortunadamente no tardó mucho en lucir más humana."

Sofía, 30 años, ama de casa:

"Mi hijo nació totalmente magullado… lo sacaron con fórceps. Durante mucho tiempo me pregunté si algún día terminaría de recuperar su forma normal."

Carolina, 27 años, asistente de producción:

"Teodoro era tan peludo como mi marido, un día un hombre rubio me lanzó una mirada desconfiada. ¡No, yo no tenía ningún enredo con un gorila!"

Piel untada con vernix

El vernix es una sustancia grasosa de color blanco que recubre a los fetos para protegerlos y facilitar su salida al momento del parto. Desaparece con los baños al cabo de unos días.

Acné en el niño de pecho

Los pequeños granitos blancos y los puntos negros son un efecto de las hormonas maternas. Desaparecen por sí solos, pero hay que evitar que el bebé se rasque.

Vello

Con frecuencia los bebés nacen recubiertos de vello llamado lanugo. Se presenta sobre las mejillas, los hombros, la frente, etc. Todo va a desaparecer por sí solo y con rapidez.

Uñas largas

¡Una verdadera brujería! Cuanto más próximo al término de gestación nace el bebé, mayor tiempo habrán tenido sus uñas para crecer. ¡Atención! Aconsejamos ampliamente no cortarlas antes del primer mes. Sin embargo, para evitar que el bebé se rasguñe, puedes utilizar tijeras finas desinfectadas con alcohol y cortar la parte de la uña que sobresale de los dedos.

Cabezón

A menudo el bebé parece hermano de E. T. Al nacer, la cabeza representa un cuarto del peso total del bebé. Los huesos del cráneo aún no han soldado adecuadamente y el largo trabajo de parto pudo haberlos deformado un poco (sobre todo si para sacarlo se utilizó el fórceps). Además de que sus miembros pueden parecer cortos y torcidos. Sin embargo, sólo hay que darles el tiempo suficiente para desplegarse y adaptarse a su nuevo espacio.

Mancha roja

Con frecuencia aparece una mancha roja en la nuca de los bebés (o sobre su rostro). Tradicionalmente se le llama "la marca de la cigüeña" (¡pues claro! ¡Ella lo cargó por el cuello con su pico para entregártelo!). Esta marca pronto será cubierta por el cabello y desaparecerá progresivamente.

Tono de piel amarillento

La denominada "ictericia del niño de pecho" es una tonalidad amarilla provocada por la destrucción excesiva de glóbulos rojos a causa del bazo: un pigmento (de nombre bilirrubina) es liberado en la sangre y da un color amarillento en la piel. Es una afección totalmente benigna y, si los médicos lo consideran necesario, debe ser tratada mediante una exposición a la luz.

Cabellos

Calvo, peinado como Elvis o, con pelo de zanahoria... ¡todo está permitido! El cabello de nacimiento es completamente provisional: puede quedarse como está o cambiar completamente de forma y de color... sólo hay que ser paciente.

ESCENA 3
¿AMAMANTO O NO?

Desde hace meses lo has pensado: tu familia te ha presionado, te has informado e imaginado en medio de la situación... y aún así no logras decidirte.

En todo caso

Lo único que cuenta es la ternura y la atención, el bienestar del bebé depende de su alimentación. Ser una buena madre no depende de si amamantas o no. La mejor de las soluciones es la que tú decidas y asumas.

CUESTIONARIO

Este cuestionario te ayudará a clarificar las cosas:

1. En la playa prefieres:

   a) Topless.
   b) Pareo.

2. El papá de tu hijo quiere:

   a) Tomarse el tiempo para educar al pequeño.
   b) Compartir las tareas contigo.

3. En vacaciones:

   a) Prefieres viajar ligera.
   b) No te separas ni de tu oso de peluche.

4. Tus senos son:

   a) Órganos femeninos de múltiples funciones.
   b) Atributos de valor altamente erótico, reservados únicamente para la seducción.

Si tienes mayoría de a:

Estás lista para amamantar. Convencida de los beneficios de la leche materna, sabes de la necesidad de prolongar tu relación madre-hijo.

Si tienes mayoría de b:

Eres tan pudorosa que amamantar te molesta un poco, casi te disgusta. Desearías que papá se hiciera cargo de darle el biberón al niño tan pronto como fuese posible.

Pon a prueba tus conocimientos

a) Amamantar provoca que los pechos se caigan.

　　○ Cierto　　　　　　　　　○ Falso

b) Tengo senos demasiado pequeños para amamantar.

　　○ Cierto　　　　　　　　　○ Falso

c) No es necesario solicitar ayuda para encontrar la posición correcta y alimentar al bebé.

　　○ Cierto　　　　　　　　　○ Falso

d) Mi leche no le conviene a mi hijo.

　　○ Cierto　　　　　　　　　○ Falso

e) Amamantar me cansará.

　　○ Cierto　　　　　　　　　○ Falso

f) Debo beber cerveza para estimular la producción de leche.

　　○ Cierto　　　　　　　　　○ Falso

Mi bebé va a la sala de neonatología... ¿qué le espera?

Testimonios

Amanda, 28 años, mamá de Teodoro (seis meses):

"Un bebé prematuro es una verdadera fuente de angustia para los padres. Afortunadamente, los equipos que trabajan en neonatología poseen una gentileza y una devoción ejemplares. Nos han ayudado mucho en este periodo tan difícil, pero nuestra felicidad después de recuperar a nuestro hijo ¡fue aún más grande!"

El nacimiento prematuro se presenta en cerca de 6 % de los embarazos. Para reducir las preocupaciones lo mejor será que sepas lo que le espera:

El lugar: el servicio de reanimación es restringido. Como los bebés son muy frágiles, los riesgos de infección son grandes, por eso el acceso debe ser controlado (en este caso, sólo los padres pueden entrar). Las reglas de higiene son muy estrictas (botas, cubrebocas, cubrezapatos, guantes, etc.).

La incubadora: para ayudar a los bebés prematuros a regular su temperatura (ya que su propio sistema aún es inmaduro), deben ser colocados en una incubadora con la finalidad de mantenerlos calientes (la temperatura se adapta al niño a través de la pequeña sonda a la que está conectado).

Los aparatos y los tratamientos: el niño estará conectado a aparatos que miden su ritmo respiratorio, su pulso y el nivel de oxígeno en su sangre (saturación): es por eso que, sobre su torso, le colocarán electrodos y, sobre su pie, un sensor de color rojo luminoso.

El sistema respiratorio del bebé prematuro aún no se ha desarrollado lo suficiente, por ello tendrá que ayudarlo una máquina llamada "respirador"; con este fin se le colocará un pequeño tubo en la nariz.

Otra sonda permitirá alimentarlo; a menudo el reflejo de deglución no está desarrollado y es necesario contribuir a que el bebé no se desgaste en este proceso y guarde toda su energía para el desarrollo de sus pulmones. Los niños abandonarán la incubadora cuando pesen cerca de 2 kg.

Las medicinas que el bebé recibirá para poder respirar mejor le provocarán un estado de somnolencia el cual puede inquietar a los padres.

Comunicación

El bebé reconoce tu voz, siente tu olor y disfruta de tu tacto. Recuerda que a pesar de la angustia y la "distancia" hay que hablarle, decirle quién eres, lo mucho que lo quieres y que todo va a salir bien. Debes calmarlo y hacerle saber que está fuera de peligro.

Puedes poner sobre la incubadora un pañuelo con tu olor (prenda que habrás llevado sobre la piel durante algunas horas).

ESCENA 5
¡NO SÉ CÓMO CUIDARLO!

Lo miro con ternura…
pero lo trato como un bulto.

(Extracto de poesía paternal).

Era fácil cuando lo tenía en mi vientre. Había dolor al levantarme, pero todos los cuidados estaban incluidos. Ahora, hay que cargarlo y sujetarle la cabeza para evitar que se disloque...

(Extracto de prosa materna).

Los primeros días nos sentimos torpes. Llevamos a nuestro bebé como a una bandeja con 24 vasos de cristal cortado, es decir, con mucha precaución. Esto es perfectamente normal. Pronto te acostumbrarás y dejarás de temer que el bebé se haga daño o se vaya a romper.

¡Cuidado! Si diste a luz por cesárea seguramente te harán falta algunos días para poder incorporarte con facilidad. Si tienes dificultades ve a la segura y no vaciles en pedirle a alguien que cuide a tu niño.

Sin importar la forma en la que decidas cargar a tu hijo, la regla básica es cuidar la nuca. Hasta los tres meses el bebé será incapaz de mantener por sí mismo su cabeza: sus músculos no son lo bastante fuertes como para sostener una bola tan grande y pesada. ¡Hay que ayudarlo!

Al cargarlo coloca siempre tu mano detrás de su cabeza. Para levantarlo de la cama o de otra superficie plana pasa una mano por debajo de su nuca y la otra por la parte baja de su espalda. Pon en tu pecho la cabeza del bebé y presiónalo muy suavemente contra ti antes de incorporarte.

Nunca permitas que la cabeza del pequeño se sacuda (en un coche, por ejemplo). Si utilizas un canguro para transportarlo, verifica que el soporte se encuentre en la posición que corresponde con la edad del bebé.

Ideas para cargar al bebé

- En el hueco del brazo. Clásico, pero eficaz. Considera alternar los brazos para que no te entumas o lastimes por mantenerlo en una misma posición.
- Pecho contra pecho. La cabeza del bebé debe ir en el hueco que se forma entre tu hombro y cuello. Esta postura es magnífica, ya que te permite darle besitos en su cuello, dulce y perfumado.
- Vientre en el antebrazo. Perfecto para aliviar los dolores de estómago, ya que te permite masajear, al mismo tiempo, la espalda del pequeño.
- Espalda contra pecho. Ideal para después de despertar. Esta posición ayuda al pequeño a descubrir el maravilloso mundo en el que vive.
- Sobre la cadera. Típica de quien "hace todo con una mano". Sólo puede usarse cuando el bebé es capaz de mantener por sí mismo su cabeza. Hay que cambiar de lado con frecuencia para no cansar ni desviar la cadera.

ESCENA 6
¡SOY TAN FELIZ QUE TENGO GANAS DE LLORAR!

Imposible... ¿siento depresión posparto? ¡Bienvenida al club!
Entre 30 y 80 % de las madres sufren Baby-blues.[1] Y a ti... ¿te gustaría perderte esta experiencia?

Marca la opción que corresponda con tu estado de ánimo:

- Me siento gorda, fea y flácida.
- No sé cómo ocuparme de mi bebé.
- Estoy cansada, no duermo bien.
- Lloro, me río y a veces las dos al mismo tiempo.
- Mi bebé no me interesa.
- Nadie me comprende.
- No tengo instinto maternal.

¡Lotería! ¡Cuantas más opciones hayas marcado, mayor será tu padecimiento!

En general, el fenómeno comienza entre el día 3 y 10, es el periodo necesario para comprender que ha concluido el estado de gracia llamado embarazo, durante el cual te sentías protegida, como en una burbuja... ahora ¡es momento de asumirlo!

Para algunas esta pequeña depresión puede durar unas horas, para otras, unos días... raras veces dura más de una semana.

¡Cuidado! Algunas madres jóvenes, afortunadamente pocas, caen en una verdadera depresión. Por ello en caso de que los síntomas persistan, no tengas miedo de platicarlo con tu médico. No puedes permitirte flaquear y ponerte verdaderamente mal, pues será tu niño el que sufrirá las consecuencias.

---

[1] El Baby-blues es una reacción posnatal bastante frecuente, puede ser provocada por el trastorno hormonal (la caída brutal de las concentraciones en estrógenos y progesterona), pero puede ser consecuencia sobre todo de la recuperación del embarazo y del parto (N. del E.).

¿Por qué las cosas no marchan bien?

¿Te has percatado del lío que acabas de vivir? Y justo cuando acababas de acostumbrarte a tus nuevas curvas... La situación es semejante a dejar una mansión, enorme y cómoda, para llegar a un nuevo apartamento pequeño y desconocido: en él nos sentimos frágiles, apretadas, menos protegidas por las paredes. Con el embarazo pasa igual.

Además, es inútil hablar de la revolución que acaba de ocurrir entre tus hormonas. Si antes de tus periodos estabas irritable ¡imagínate ahora después de haber pasado por esta tempestad!

Y luego está el bebé que habías imaginado de esta o aquella forma, pero que en realidad es como un pequeño extranjero a quien va a ser necesario acostumbrarse.

No olvidemos que, hace apenas unos días, ya tenías bastante con el hecho de ser mujer; ahora también eres mamá. ¡Bienvenido sea el peso de las responsabilidades!

¿Cómo luchar?

Ante todo debemos hablar.

Varias personas pueden tenderte una mano caritativa; la enfermera, el pediatra, el médico familiar... todo el mundo está al corriente de lo que te sucede. No guardes tus lágrimas, ellos te ayudarán a calmarte.

Hay que saborear el placer de ser madre

Esto es algo que se aprende y toma tiempo, son muchos los momentos de felicidad, incluso a pesar de las pequeñas frustraciones (cuando el bebé no deja de llorar en tu regazo, pero en los brazos de papá se calma instantáneamente). Dale tiempo al tiempo. Dentro de unos días ya no pensarás en eso.

ESCENA 7
¡PUES CLARO QUE ME VOY A RECUPERAR (ESO ESPERO)

Es seguro que dejar pasar un cuerpo extraño de más de 3 kg y 50 centímetros por un túnel muy estrecho deja, forzosamente, alguna huella. Sin embargo, las mujeres continúan teniendo niños, esta es la prueba de que al final se recuperan por completo del parto... (¡Piensa positivo!).

Episiotomía

Estuviste en todo tu derecho de solicitarla. La episiotomía es un procedimiento recurrente, incluso cuando la tendencia señale que se practica con menor frecuencia. Consiste en realizar un corte en el perineo, o mejor dicho dejar que se desgarre, con la finalidad de facilitar la salida del bebé. Posteriormente, los tejidos son cosidos con un hilo que será asimilado por el cuerpo y desaparecerá en unos días. Sin embargo dejará, inevitablemente, una cicatriz. ¡No estás soñando, es real!

Los cuidados: hay que mantener limpia y seca la zona de la episiotomía, para ello recuerda secar la herida cada vez que te bañes o siempre que debas lavarte antes de aplicar productos antisépticos. A veces es recomendable el uso de una secadora de cabello, pero no hay que abusar de eso. Es preferible utilizar ropa interior de algodón, pues ventila la piel.

El dolor: seamos sinceras, se trata más de una molestia que de un dolor insoportable. Es difícil sentarse y tenemos miedo de ir al sanitario (¡no hace falta pujar!); incluso se tiene dificultad para contemplar a la pequeña bebé que un día se volverá una mujer con una actividad sexual normal y con el tiempo pasará por esto. Un cojín sobre el cual poner la zona dolorida ayudará.

Puedes pedir analgésicos, te sentirás aliviada. Sin embargo, pueden presentarse algunas complicaciones (inflamación por lo general) que no son difíciles de tratar.

Habrá que resistir, sólo la paciencia compensará tu pena... (piensa que es una herida de guerra de la cual algún día hablarás).

¿A quién le preocupa la cesárea?

Uno de cada cinco nacimientos se realiza mediante este procedimiento quirúrgico. El resultado: una verdadera operación (en la que no sufrirás durante el nacimiento del bebé, pero sentirás más dolor durante la recuperación). Si quieres hacer uso de este derecho ¡aprende las reglas de oro para recuperarte lo mejor y más pronto posible!:

- Pasará algún tiempo antes de que puedas moverte con libertad: catéter para los analgésicos, sonda urinaria (hasta que la orina sea abundante y clara). No podrás levantarte hasta al menos un día después de tu intervención... y cuando te levantes, necesitarás ayuda y estarás bajo supervisión médica. Por ello habrá que esperar un poco antes de volver a poner los pies sobre la tierra. ¡Ánimo! No tardaremos en volver a la actividad, pero debemos poner todo lo que esté en nuestras manos para recuperarnos pronto.
- Sentirás dolor, eso es seguro. No esperes a que el dolor se instale, toma un analgésico tan pronto sientas que éste comienza.
- Todo el vientre ha sido anestesiado... el tránsito intestinal, más que lento, estará en detención por algún tiempo y habrá que esperar su reanudación (quizá sufras de los famosos gases) antes de poder alimentarte normalmente.
- Amamantar es posible (aunque es difícil al principio): hay que encontrar una posición cómoda. En general, te recomendamos ponerte de costado o sobre tu espalda con la cabeza del bebé apretada contra tu pecho y el cuerpo bajo la axila. Las contracciones activadas por la lactancia pueden ser dolorosas, pero son compensadas por el placer del mágico intercambio con tu hijo.
- La cicatriz debe ser cuidada a diario por el equipo médico. Los hilos serán retirados al cabo de 10 días.
- La hospitalización es más prolongada que la de un parto natural: puede durar hasta 10 días.
- Es recomendable la ayuda de un masajista (kinesiterapeuta) para que te explique cuáles son los movimientos que te permitirán recuperarte sin problemas.
- La frustración: ¡puedes tener remordimientos por haberlo hecho! La cesárea no te permitirá ocuparte enseguida del bebé, te pro-

ducirá dolores y culpa. No te preocupes: ¡lo importante es que tu bebé está en tus brazos!

Testimonios

Sonia, 33 años, mamá de Lucía (tres meses):

"Me sentí estúpidamente frustrada cuando supe que mi parto sería por cesárea, tenía la impresión de haber fallado en algo. Y luego, al cabo de unos días, la presencia de mi hija me hizo olvidar los pensamientos negativos!"

Llámame
¡supermami!

EXPOSICIÓN DE LA ESCENA

Cuando tus amigas, madres de familia (las de los ojos cercados de ojeras y leche seca sobre el hombro), te hablaban de sus preocupaciones de organización, a ti te parecía que siempre exageraban. "¿Cómo es posible que no tengan tiempo de salir? ¡Un niño no es tan complicado! ¡Se ahogan en un vaso de agua! Seguramente hacen todo esto para que las compadezcan..." Ahora que te uniste a su club (y tienes rastros de leche seca sobre tu hombro), te hubiera gustado pensar por anticipado en todo lo que implica ser mamá.

TÚ EN TU PAPEL DE MAMÁ

Mamá 1. Yo soy "cool", incluso cuando...

Por ir al ritmo del bebé has descuidado la casa y, para la comida, lo único en el menú es pasta... Reconoces que te gustaría volver a encontrarte con la tranquilidad que antaño había en tu hogar.

Un bebé trastorna la vida de sus padres, ya sea que tengan el sueño pesado o estén fascinados con la novedad recién llegada. A pesar de toda la felicidad que "el bodoque" ha traído con él tenemos el derecho a decir: "¡Qué cansada estoy!" o, "¡los pendientes de la casa me abruman!".

Mamá 2. Es difícil, pero ¡qué felicidad!

Ya no sabes dónde está tu cabeza: andas a las prisas todo el día, sin bañarte y aún con el peso extra del embarazo. En el refrigerador ¡no hay nada para el almuerzo! Sin embargo, adoras a tu bebé aunque él haya sido el responsable de desorganizar tu vida.

63

> Con la llegada del bebé todos nuestros hábitos cambian, tal vez sea difícil aceptarlo al principio, pero no tardaremos mucho en encontrar un nuevo equilibrio y las soluciones para la desorganización.

Mamá 3. ¡Nada volverá a ser igual!

La falta de sueño, las tareas repetitivas, los gritos, el cansancio... ¡ya no puedes más! Cuando el bebé duerme, deambulas por tu casa sin saber por dónde comenzar.

> Entre la depresión posparto y la dificultad pasajera para organizarte, aún no logras sobreponerte... pareciera que todo lo haces en automático desde la llegada del pequeño. Si te sientes asfixiada, pide ayuda ¡no tiene nada de malo!

ESCENA 1
APRENDE A ORGANIZARTE, REGLA NÚMERO 1 DE SUPERVIVENCIA

Pronto comprobarás que el cuidado del bebé absorbe mucho tiempo, por no decir todo tu tiempo. Es claro que hay momentos en que debes ocuparte de él (como al cambiarle el pañal, bañarlo, llevarlo de paseo, alimentarlo...), pero hay otros en los que crees que estás haciendo algo diferente cuando en realidad continúas viviendo a través de tu hijo: si él duerme, tú duermes también (aunque no sea verdaderamente lo que se dice "dormir"), ordenas las cosas que él desordena; arreglas los juguetes que él rompe... en otras palabras, tu día entero lo consagras a tu bebé.

Esto puede satisfacerte plenamente (si es el caso, aprovéchalo), pero también puede que extrañes tener tiempo para ti. Para conservar el mínimo de tu identidad y no limitarte a ser la esclava del pequeño, más vale poner manos a la obra lo más pronto posible. Organizarse será una prioridad absoluta.

Recuerda

Los primeros días con un bebé en casa pueden ser un huracán ¡ya no sabremos en qué día vivimos, ni en qué lugar estamos!

Para no estar completamente perdidos, a veces es bueno distinguir las cosas con el objetivo de no perder de vista el desarrollo de las acciones. Sólo así será posible organizarse mejor.

Método

Compra un cuaderno bonito. Anota todos los acontecimientos del día: los cambios de pañales, el aseo y baño del bebé, los horarios para alimentarlo, las observaciones respecto de su salud: rozaduras y granitos pueden parecer insignificantes, pero para una mamá ¡un grano es todo un acontecimiento!.

Ventajas

No tendrás que esforzarte para recordar con qué pecho amamantaste la última vez, ni cuánta leche bebió el niño. Con una breve revisión, digamos de una semana, tendrás relativamente claros los horarios de tu bebé (observarás, por ejemplo, que es mejor que permanezca despierto por la mañana para que la siesta de la tarde sea más larga, ya lo verás, ¡es una estrategia que vale la pena intentar!), así podrás administrar mejor tu tiempo.

Si conservas este preciado cuaderno, en algunos años, tu bebito se sorprenderá al descubrirlo (particularmente si tienes una niña, cuando ella sea mamá, este testimonio del pasado le resultará muy emocionante).

Planificar

Muy pronto comprenderás que el bebé tiene un ritmo de vida que se perturba con facilidad (interrumpir una siesta puede tenerlo despierto durante toda la tarde, una comida retrasada puede sentarle mal o provocarle hambre por la noche). Evidentemente, sería difícil decir que el pequeño tiene horario fijo, pero no por ello renunciarás a aprovechar el tiempo.

Para administrar tu planificación es recomendable ser previsor. ¿Es tiempo de una visita al pediatra? Elijamos un horario entre siesta y comida. ¿Tienes un compromiso? Anticípate siempre a los imprevistos de último minuto (cambia el pañal justo antes de partir, cerciórate de que no haya vómito en su ropa ya que puede causar náuseas y más vómito); si no encuentras el juguete preferido del bebé busca en toda la casa hasta hallarlo, podría buscarlo al despertar.

Método

Compra un calendario de pared y escribe en él las fechas importantes (¡subráyalas con plumón fosforescente!) con el fin de visualizar de forma rápida las obligaciones y pendientes, de este modo podrás repartirlas con eficacia (recuerda no tener dos compromisos importantes el mismo día ¡el bebé lo desaprueba totalmente!).

De esta manera podrás prever todo tipo de situación y estar bien organizada, por ejemplo, serás capaz de planificar una salida con tus amigas o con el feliz papá. Avisa con anticipación a los abuelos o a la niñera ¡no lo hagas de la noche a la mañana!

Revisa tus prioridades

No tardarás en caer en la cuenta de que el bebé llegó para quedarse y por tanto debes ajustar tus prioridades.

Ten en cuenta que ya no podrás:

- Hacer todo lo que esperas (de hecho ya nunca lo harás).
- Tener una casa que brilla de limpia.
- Pasar las noches viendo tu telenovela favorita.
- Preparar una cita romántica supersexy.
- Completar todo lo que falta en la lista.

Nos irá mejor con el tiempo, pero por el momento trata de reflexionar sobre el reajuste de tus prioridades.

CUESTIONARIO

Más vale… (marca la opción que consideres más apropiada):

○ Jugar con tu bebé, que jugar videojuegos.
○ Escuchar los llantos del pequeño, que la música del MP3.
○ Colgar fotos de tu hijo, que pósteres de celebridades.
○ Pasear a tu angelito durante los días soleados, que ir de compras bajo las luces de los grandes almacenes.

Ahora que eres mamá tienes que elegir. Evidentemente, nadie te pide que renuncies por completo a tus gustos, a tu ocio o al resto de tus obligaciones; sin embargo debes tener presente que tu centro de atención será desplazado… recuerda que ¡tienes un compromiso ineludible con la nueva personita que trajiste al mundo! Y ella, te lo aseguro, te traerá grandes satisfacciones:

• La adoración ilimitada de su rostro.
• La admiración de sus logros, ternura infinita.
• El inmenso orgullo de haber engendrado a un genio sin igual.
• Diversión incomparable ante sus chistes.

Ten el canguro siempre listo

Notarás que ir de paseo con el bebé es imposible sin llevar los aditamentos necesarios. Podría decirse que cada vez que asomas la nariz fuera de casa, ya sea para ir por el pan o para escaparte de fin de semana, es como si prepararas una mudanza. De camino a la panadería puede ocurrir algo con el bebé: ¿percibes un ligero viento fresco? ¡Habrá que llevar un chaleco! ¿O será mejor un mameluco completo? ¡Mejor hay que llevar todo!

Como puedes ver, lo ideal es llevar siempre el canguro para cargar al bebé con el fin de tener las manos libres para tomar cualquier accesorio que haga falta en caso de alguna eventualidad.

La pañalera debe ser:

- Ligera. El criterio número uno, revisa todo lo que vas a meter en ella.
- Pequeña. Porque cuanto más sitio tiene, más intentamos llenarlo.
- Con compartimientos. No debes echar todo junto o tendrás que detenerte a la mitad de la calle para encontrar lo que buscas.

Procura que la pañalera se adapte a la carriola con facilidad, de manera que no cueste trabajo transportarla, de lo contrario será incómodo llevarla y te sentirás desanimada.

El contenido

Neceser de aseo:

- Pañales. Sólo algunos, no el paquete entero. Considera reponerlos tan pronto como se acaben, de lo contrario el caos será inevitable.
- Toallas húmedas. Piensa en los paquetes pequeños con cierres "abrefácil", no usarás más de dos o tres, no te des el lujo de desperdiciar.
- Dos paquetes individuales de pañuelos desechables.
- Una manta pequeña de algodón (siempre será útil).
- Dos bolsitas de plástico para echar la bomba tóxica producida por el bebito.

Botiquín de primeros auxilios (indispensable para cuando el bebé camine sin ayuda):

- Un antiséptico.
- Algunos curitas.
- Pomada de árnica, píldoras de árnica.

El resto de los triques:

- Una mamila pequeña.
- Ropa abrigadora.
- Un juguete.
- Alguna golosina saludable (mantiene ocupados los dientes del niño y es una buena opción para controlar un capricho).

Queda a tu consideración ordenar la pañalera de acuerdo con las necesidades del paseo o prescindir de ella en su totalidad.

ESCENA 2
APRENDE A DELEGAR,
REGLA NÚMERO 2 PARA EVITAR
EL NAUFRAGIO

Debes saberlo, intentar cuidar al bebé totalmente sola es casi imposible, a no ser que pretendas realizar un acto heroico.

Desde el comienzo olvidarás el entusiasmo y la necesidad de lo que significa salir... ¡aun cuando todo el mundo a tu alrededor te incite a ello! (a menos claro que no tengas pareja, familia, amigos o ayuda).

Para poder:

- Dormir.
- Tener tiempo para ti misma.
- Conservar el semblante de quien tiene una vida amorosa y social...

Hará falta un poco de ayuda; no vale la pena querer ser una santa, necesitas apoyo para estar bien (ya engendraste a un ser bello e inteligente, ¿qué otros méritos quieres?).

Pide ayuda ¡incluso si sabes que nadie se ocupará del bebé tanto y tan bien como tú! (Aunque eso sea algo que te gusta creer, debes saber que no es verdad y que sólo tú estás autorizada a creerlo). Por otro lado... ¿quién podría encargarse de una misión tan importante como ésta?

El papá

Naturalmente, él es la segunda persona mejor posicionada para cuidar a la pequeña maravilla.

Aunque no es muy ortodoxo que digamos, resulta evidente que alguien debe ocuparse del bebé... y debe hacerlo ¡sin que tú se lo pidas! Cambio de pañal, baño, paseo, mamila: tareas imprevistas que papá cumple con gentileza, pero que también son su responsabilidad. Tal vez papá se encuentre vacilante al principio (pues tú tampoco estás muy segura), pero poco a poco él va a sacar al superpapá que lleva dentro. Verás a tu bebé disfrutar cuando compita con él en un concurso de muecas ¿cuál es el secreto? Aunque no te guste "el método de papá", en el fondo sabes que sería peor que no lo hiciera o estuvieras sola.

Por tanto, intenta no vigilarlo a sus espaldas o atiborrarlo de consejos. Espera a ver el resultado final: un bebé limpio, satisfecho y sonriente ¿qué más puedes pedir?

Tu mamá

Todo depende de tu relación con ella, de la distancia que las separa... pero si son cercanas y está disponible, será un alivio poder contar con ella durante tus primeras experiencias, aprovechar sus consejos y las horas de tiempo libre que quiera pasar con su nieto. Sin embargo, ella debe saber quién fija las reglas del juego desde el comienzo: ¡tú eres la madre! Y esa frontera, a menudo, es la más difícil de establecer.

Es cierto que quieres ayuda, pero en ningún momento ésta debe ocupar tu sitio, nadie debe sustituirte. Recuerda que todas tus relaciones cambiarán en el momento de convertirte en madre, a partir de ahora y en lo sucesivo el puesto de mamá es tuyo y nadie tiene un rango equiparable. Se trata de un giro que debes saber enfrentar... con mucha habilidad.

Tu papá

Tal vez no le pedirás que alimente al bebé o cambie su pañal (aunque puede que se haya ocupado de ti cuando eras una bebé), pero es posible que él sea el primero en ofrecer sus servicios para trasladar los muebles o pintar la habitación del bebé. Cuando fuiste niña él no pudo ver cómo crecías, ahora tiene la oportunidad de recuperar el tiempo y ver cómo florece su nieto.

Tu suegra

Todo depende del tipo de lazo que las une... pero aún más que tu mamá, las suegras procuran buscar su lugar y se hacen notar con una flota de consejos de los cuales no siempre somos partidarias. De ella aceptas menos críticas e incluso sueles mostrarte menos tolerante que con tu propia madre. Tu suegra te irrita con sus continuos señalamientos de lo que, en su opinión, es bueno para el niño. Sin embargo, también puede ser un gran sostén... aunque llegue a molestarte, será un alivio poder contar con ella una tarde, cuidará al bebé mientras tú tienes una cena romántica, o si ella va de compras, puedes pedirle que te lleve algunas verduras del mercado. Trata de guardar el orgullo en un cajón: una vez superados los desacuerdos y disgustos, la ayuda que puede brindarte, sin duda, será valiosa.

Tus hermanas, primas y otros miembros de la familia

Serán un magnífico recurso para ayudarte en un caso de urgencia. No dudes en pedir su apoyo, te ofrecerán su tiempo con generosidad, del mismo modo que tú lo harías si ellas lo necesitaran.

Las amigas

¿Ayudarte? ¡Ellas están ahí para eso! Puedes ir de compras al supermercado y si te acompañan seguro te empujarán el carrito, es un favor al que se ofrecerán voluntariamente. Te tranquilizarán por teléfono en caso de que el bebé tenga fiebre a media noche... no te preocupes, será lo más normal para ellas.

No dudes en pedirles ayuda, a menos, claro, que se muestren indispuestas todo el tiempo, lo cual demostraría que verdaderamente no están dispuestas a ayudarte... si ese es el caso ¡encuentra otras amigas!

ESCENA 3
¡ADQUIERE TU DIPLOMA DE MAMÁ PROFESIONAL!

¿Te gustaba que tu casa siempre luciera arreglada, coqueta y llamativa? A partir de ahora será otra historia:

* La cantidad de ropa blanca que debes lavar, secar y planchar se va a cuadruplicar (¡con un solo niño! Imagina si tuvieras dos, tres... después del tercero es mejor no imaginar).
* Tus comidas serán simples (los sándwiches de jamón serán interminables).
* La decoración de tu casa será totalmente puesta de cabeza (con un enorme oso de peluche en el sillón, la mitad de la sala llena de cubos de juguete y la otra mitad repleta de piezas de bloques).

Si no quieres pasar el día recogiendo los montones de juguetes (siempre variables y sorpresivos) que tu bebito deja por todas partes, será mejor llevar a cabo una organización sólida en la distribución del espacio que el niño usa para jugar.

Equipo

Nunca antes habías fantaseado con electrodomésticos, ahora, en los centros comerciales, sueles pasar por la zona de las lujosas pantallas o de las planchas de vapor más novedosas. Sin embargo, debes darte cuenta de que la vida de una joven mamá no puede ser posible sin:

* Un lavavajillas.
* Una lavadora.
* Una secadora.
* Un centro automático de planchado.

Es evidente que no todas las mamás cuentan con los medios o el lugar para equiparse con estos objetos, pero, a partir de ahora, debes considerar invertir en este tipo de aparatos que te simplificarán notablemente la vida; piensa en eso antes de comprar una pantalla que de todos modos no tendrás tiempo de ver. Mientras tanto puedes ir escribiendo tu lista de regalos para Navidad.

El inevitable trabajo de lavar

Verás que con la llegada del bebé te convertirás en lavandera. Imaginemos: nuestro querido angelito ensucia diariamente un mameluco, una playera, unos pantalones o una falda, una pijama; además utiliza varios baberos, una toalla de baño (a veces dos). He aquí el porqué va a aumentar considerablemente el volumen de tu cesto de ropa sucia. Pero eso no es todo, también hay que contar la ropa de mamá, de papá y de aquellos a quienes el bebé haya vomitado generosamente su puré de zanahorias. Lo has comprendido bien ¡te convertirás en una lavandera profesional! ¿Estás segura de sentirte lo suficientemente motivada para que, además de todo lo mencionado, el bebé utilice pañales de tela en lugar de desechables?

Las primeras semanas, inclusive los primeros meses, tendrás que separar la ropa blanca de tu heredero para no mezclarla con los calcetines sucios de papá, y como toda una lavandera profesional debes evitar el suavizante en la ropa del bebé, ya que puede producir reacciones alérgicas en la delicada piel.

Al cabo de un tiempo, podrás reducir la selección y las cargas de lavado, quizá hasta metas toda la ropa en el mismo ciclo (sí, la del niño con la tuya y la de papá). No obstante, antes de simplificar así la tarea, observa el efecto que tiene una prenda lavada con tu detergente habitual sobre la piel de tu bebé, si todo marcha bien, será señal de que puedes lavar cargas tamaño familiar sin problemas... aunque también podrías utilizar el detergente especial para bebé en la ropa de toda la familia (recuerda que esta opción es mucho más cara que la otra, así que habrá que valorarlo).

CONSEJOS PARA QUITAR LAS MANCHAS DE PURÉ

¡No hay mancha más difícil que ésta! Los baberos son la mejor prueba. Para evitarlas:

- Utiliza baberos de plástico o viste al bebé, antes de la comida, con un traje especial antimanchas de puré.
- De ser posible, pon al sol el traje manchado (lo mismo se recomienda para la ropa que tenga manchas de popó).
- Lava la mancha enseguida.
- Vierte detergente líquido para vajillas directamente sobre la mancha.
- Intenta con vinagre blanco.
- Utiliza los productos "quitamanchas" antes del lavado (por desgracia los más caros suelen ser los más eficaces).
- Ya no alimentes al bebé con puré.

Planchado

Todos los días agradecerás al que inventó la secadora. Las toallas quedarán con una suavidad inigualable, los trajes estarán esponjosos (a menos que elijas un ciclo extra seco que sería mejor reservar para otros usos).

Algunas recomendaciones para simplificarte la vida:

- Olvídate de los trajes que necesitan verdadera devoción al planchado: vestidos con pliegues, lino… cuando compres la ropa del bebé, piensa en los cuidados que debes darle (lavar, planchar y desmanchar decenas de veces).
- Después del lavado procura quitar tantas arrugas como sea posible, coloca las prendas sobre una superficie plana y extiende la tela para reducir las arrugas antes de poner la carga en la secadora o tenderla, repite esta operación cuando la ropa esté seca.
- Retira la ropa de la secadora tan pronto como el ciclo haya concluido, vuelve a tallar las manchas y aplana cuidadosamente los pliegues del resto de la prenda.
- Algunas mamás planchan los calcetines, mamelucos y bodys cruzados, pero, créeme, el bebé siempre preferirá jugar un rato con su mamá en lugar de tener su ropita bien planchada.

El quehacer y
la organización doméstica

Obviamente quieres que la niña de tus ojos viva en un ambiente saludable, limpio y perfectamente ordenado. Si antes del nacimiento de tu hijo no te preocupaba tener una casa limpia, ahora tendrás que lidiar con la obsesión de una vivienda completamente aseada: ¿cómo ver pasear por el suelo lleno de polvo o migajas al bebé?

¡Imposible! Pero qué difícil es entregarse a la limpieza si tenemos un niño que llora o, peor aún, que se la pasa aferrado a tu pierna...

Algunos puntos que hay que tener en cuenta:

• Sin duda no te vas a poner a aspirar justo en el momento (sagrado) en que el bebé está dormido. No queremos un bebé despierto (y activo) mientras usas la aspiradora. Cuando el bebé aún es pequeño, colócalo en su moisés o carriola, no muy lejos de ti. De seguro esta extraña máquina ruidosa va a intrigarlo y en consecuencia va a observar (tal vez tranquilamente) lo que haces con ella. Cuando sea un poco más grande, métalo en su corral para que desde ahí te vea en acción. Durante tu labor procura hablarle, platica con él... no olvides explicarle qué es lo que haces (excepto cuando tu aspiradora esté al máximo, el ruido no te dejará).

• Concéntrate en las zonas donde el bebé pasa la mayor parte del tiempo, como el piso de su cuarto, el lugar donde come, el sitio en el que lo cambias. No importa si los cristales quedan relucientes o si las cortinas blancas respetan su color, esto no es lo esencial.

• Revisa las sustancias de los productos para la limpieza. Si son tóxicos, irritantes o tienen un olor muy fuerte quizá debas sustituirlos (el bebé tendrá contacto indirecto con ellos, tocan sus manos, su cuerpo y los respira).

• Guarda bajo llave los productos de limpieza en un lugar seguro. El bebé se podrá desplazar solo muy rápido y los armarios despiertan su curiosidad.

• Si tienes la posiblidad contrata ayuda doméstica. Después del nacimiento es mejor aprovechar los momentos de descanso del pequeño ángel para dormir y recuperar la buena salud, en lugar de limpiar el polvo (que desafortunadamente siempre acabará por volver).

- Si el bebé llora mientras estás realizando las tareas domésticas, puedes colocarlo en su moisés y seguir en lo que haces (sólo será un rato y puede funcionar).
- Cuando el niño sea más grande, puedes darle un trapeador y pedirle que te ayude (eso lo mantendrá ocupado).

Acomodar y acomodar

Muy pronto te darás cuenta de que el bebé es un invasor; desde el comienzo comprobarás que (incluso siendo muy pequeña), su ropa ocupa mucho espacio, que no hay dónde poner los voluminosos paquetes de pañales, que los botes de leche (aunque estén ordenados en pirámide) llenan por completo las alacenas. Vas a tener que hallar la manera de lidiar con todo esto, lo cual te obliga a ¡acomodar, acomodar y acomodar!

- Para la ropa, todo depende de cómo la ordenes. Armario, cajones, cestas… encuentra una manera práctica de organizar las cosas, si hace falta que te subas sobre un banco para alcanzar un estante, hazlo, de lo contrario es casi seguro que nada quedará ordenado (la ropa del bebé debe quedar en un lugar accesible).
- La ropa interior puede doblarse y guardarse en cajones, el resto puede colgarse en gancho (no te preocupes si no planchaste la ropa a conciencia).
- Prevé el lugar y la organización de los juguetes. Aunque durante los primeros meses el bebé no tiene gran cosa, pronto te darás cuenta de que los Playmobil y las piezas de Lego tienden a multiplicarse tan rápido como las bacterias.
- No se sabe bien cómo, pero los famosos juguetes se desplazan del cuarto del niño hasta la cocina, la sala e incluso al baño. Procura recoger los juguetes una vez al día (de preferencia cuando el niño esté dormido) y llévalos a su lugar correspondiente. También podrías colocar una pequeña hamaca en el cuarto de tu bebé, así los peluches dormirían tranquilamente sin cubrir el suelo y llenarse de polvo.
- La mejor opción son las cajas de plástico que se pueden encimar una tras otra: siempre hallarás brazos o piernas de muñecas, pie-

zas de rompecabezas, partes de cochecitos abandonados… pero si juntas todos los juguetes del mismo tipo, los trocitos perdidos encontrarán nuevamente su lugar de origen.

Comidas

Sin duda el primer año después del nacimiento del bebé no va a figurar en los anales culinarios (¡a no ser que hayas contratado un chef para la casa!). Ya verás que cocinar con un bebé al lado no es forzosamente una actividad placentera, vigilar la salsa y a un niño que gatea es bastante incompatible, además, las ganas de hacer un pastel se van cuando el bebé se duerme.

Nada impide que tengas un mínimo de organización para evitar comer diariamente puré de verduras (ya que al prepararlo para el bebé lo comes también tú).

- Hacer las compras. La mejor solución es ¡que cuiden al bebé! Es difícil no olvidar alguna cosa si estás paseando un gnomo chillón en el carrito. Tampoco es sencillo ordenar los paquetes mientras un niño patalea en tus brazos.
- Conviértete en una profesional de hacer listas: si embarazada no tenías cabeza para pensar, ahora que tienes al bebé en tus brazos la has perdido por completo, ¡no hay forma de concentrarse y recordar todo! Por tanto, deberías considerar hacer listas muy precisas de lo que necesitas para tu comodidad personal y también de lo que falta en casa.
- Prevé los menús. No dudes en buscar la inspiración que necesitas en los pasillos del supermercado.
- Cocina en grandes cantidades y guarda porciones en el congelador. De esta manera será más fácil improvisar una cena después de haber pasado toda la tarde con el pediatra.
- No dudes en solicitar servicio a domicilio: garrafones de agua, botes de leche, paquetes de pañales son muy pesados y voluminosos. Es más agradable cuando éstos llegan solos hasta la cocina (estudia de cerca las ofertas de ciertas tiendas virtuales que incluyen los gastos de envío para las futuras mamás y también para las recientes).

¿No me quedó bien la sopa?

EXPOSICIÓN DE LA ESCENA

Un bocado para mamá, un bocado para papá... ¿por qué no quieres comerte la papilla de manzana? ¡La papilla de manzana es rica y saludable! ¡Mamá adora la papilla de manzana!

El bebito acaba de cumplir cinco meses, no lo amamantes más. Probablemente tendrá dificultades para aceptar la cuchara, ese extraño instrumento que mamá quiere meterle en la boca... ¡es frío y duro! Mientras que los pechos de mamá... ¡eran tan dulces! ¿Qué hacer?

TÚ EN TU PAPEL DE MAMÁ

Mamá 1. Yo soy "cool".

Si no quiere usar la cuchara… ¡oblígalo! Al final terminará por aceptarla: nunca se ha visto a un niño de dos años conformarse con la leche materna. Es cierto, contabas con detenerte, pero seguiste amamantando a tu bebito porque tenía un aire triste y contrariado. Sin duda hace falta que lo intentes de nuevo...

No ser abrupta con el niño es algo bueno. Si tienes las ganas y la posibilidad de amamantar ¡hazlo tanto como quieras, aprovéchalo! Puedes tomarte algunas semanas para adaptar al bebé al cambio. Sin embargo, será importante familiarizarlo con la fruta, las verduras y otras proteínas que beneficien su alimentación. Empieza con pequeñas porciones, verás que no tarda en acostumbrarse.

Mamá 2. Hago todo como es debido.

El pediatra ha dicho: "es necesario comenzar a darle puré de verduras", y tan pronto lo dijo pusiste manos a la obra. El pediatra también dijo: "Ponga las verduras junto con la leche para el biberón" y le diste al bebé un licuado verdoso que al parecer no le gustó mucho. Pero ¡habrá que acostumbrarse a los alimentos variados!

Seguir los consejos del pediatra está bien. ¡Pero seguir tu instinto maternal tampoco funciona mal! Si la cuchara asusta un poco a tu bebé, déjalo jugar con ella algunos días. ¡En cuanto la acepte va a tener más posibilidades de usarla con facilidad!

Mamá 3. Me estreso.

"¡Deja de comer así! ¡Vas a engordar!" El doctor ha dicho: "tres cucharaditas de puré para empezar". Ya en casa te escuchas decir: "¡con calma bebé o te comerás todo el plato!" De hecho sabemos que, desde la cuna, habías querido enseñarle a tu niño a protestar.

Respetar los principios de una alimentación sana y variada para que el bebé esté en forma está bien… pero querer ponerlo a dieta a los seis meses ¡es muy exagerado! Recuerda que encontrar el justo medio es la mejor actitud en todos los casos. Vigila que el bebé esté en su peso y escucha los consejos del médico. ¡Todo va a estar bien!

ESCENA 1
YO AMAMANTO

Beneficios para:

El niño: menos enfermedades infecciosas y alergias. La mamá: disminución de los riesgos de cáncer de mama durante la menopausia.

El alimento del niño siempre requiere ciertos cuidados como: la temperatura, los accesorios para la preparación y limpieza de las mamilas. Sin embargo, muchas jóvenes madres que han intentado amamantar no tardan en dejarlo, se sienten frustradas y escépticas de tal experiencia.

Nada parece más simple ni más natural que dar el pecho a un niño, aunque de vez en cuando sea necesaria cierta cantidad de motivación y perseverancia para salir adelante.

A continuación te presentamos las reglas básicas para salir adelante en esta aventura.

Regla número 1: amamanta conforme tu niño lo requiera

¿De qué se trata?

El bebé pide leche cuando quiere, las veces que quiere, tanto como quiere... y sólo se detiene hasta que siente que ha saciado su necesidad.

De vez en cuando el hecho de estar totalmente disponible para tu niño puede parecer apremiante. Esta etapa de "sumisión" ante las necesidades del bebé suele ser un periodo difícil de llevar, sobre todo por la noche, cuando tanta falta hace el sueño reparador que es vital para la madre.

Al cabo de unos días de completo insomnio, encontrarás un ritmo regular para alimentar a tu bebito. Por ello es recomendable que si decides amamantar a tu hijo lo hagas conforme a sus ciclos y necesidades.

NOTA: **Bueno si** amamantas al bebé hasta satisfacer su hambre, pues se sentirá mejor y más reconfortado, ya que comer le resulta tranquilizador.

No tan bueno si no puedes llevar un control de la cantidad que bebe. Pero el sentido común puede enseñarnos: si después de comer se duerme, es buena señal. También es posible que a veces tome menos de lo normal y no tarde mucho en volver a pedir. No obstante, estos cambios de ritmo se regularizan rápidamente.

Regla número 2: amamantar en una buena posición

La clave para una buena lactancia es la postura del bebé. Al principio será necesario acomodarse. El niño debe tener su vientre contra el de su madre, el rostro frente al pecho (no debe girar la cabeza para tomar el pezón). El simple contacto del pezón alrededor de la boca del niño guía los movimientos de la cabeza del bebé, el cual procura buscar la fuente de alimento abriendo la boca. Cuando ya esté abierta de par en par, la lengua buscará su lugar y el pequeño podrá tomar la mayor cantidad posible a través de la areola. No debe chupar la punta del pezón.

Los labios del bebé suelen estar plegados, su lengua recubre sus encías y con ellas sujeta la parte inferior de tu areola. La nariz y el mentón estarán en contacto con tu pecho: es inútil querer desplazar la nariz del bebé porque se apoya sobre el seno. Recuerda que tu hijo no está en riesgo de ahogarse cuando se alimenta.

Tres posiciones agradables para darle variedad al placer de amamantar:

- Sentada. Pon la cabeza de tu bebé en el hueco de tu brazo; por debajo puedes poner uno o dos cojines.
- Recostada de lado. Ponte cómoda entre algunos cojines. Dobla ligeramente tus piernas y acuesta al bebé contra tu vientre, su nariz debe estar a la altura de tu pezón.
- Por debajo. Sentada con las piernas estiradas, recuestas al bebé sobre tus piernas. Te inclinas sobre él de manera que tu pecho quede en posición vertical sobre su boca.

Regla número 3: no cedas a la tentación de la mamila

Dar pecho o biberón es totalmente diferente. Para simplificarlo: con la mamila no se requiere una succión prolongada y la lengua se coloca de manera diferente que en el seno.

Lógicamente, cuando un bebé es amamantado no necesita complementos (agua, jugo de frutas, leche artificial). Si lo alimentas regularmente con biberón, corre el riesgo de perder el control y pedir mamila todo el tiempo.

Regla número 4: pon todo a tu favor

A lo largo de nueve meses has jugado a ser la fábrica de bebés. Ahora, tienes que darle mantenimiento a tu hermosa maquinaria. Para poder cumplir con todos estos requisitos primero es necesario que tengas tu propio mecánico.

Mantente hidratada: durante el periodo de lactancia tendrás la impresión de sentirte agotada, como si el pequeño se alimentara de tu sangre. Procura tener una botella de agua siempre junto a ti, tal vez así experimentes la sensación de los vasos que se comunican: tendrás la impresión de que el agua va directamente de tu boca a la del bebé pasando por tu seno.

Comer equilibrado: a lo largo de nueve meses vigilaste que tu alimentación fuera rica en calcio, proteínas y fibras. Muy bien, ¡sigue así! No olvides que lo que ingieres le da sabor a tu leche. Tradicionalmente no se recomienda el consumo de espárragos y otros alimentos con un sabor muy marcado, pero si de verdad adoras esa comida no tienes que privarte de ella: ¡Siempre y cuando la comas en pequeñas cantidades!

Limita la cantidad de ciruelas, pasas y cualquier otro tipo de alimento laxante, ya que ¡puede provocarle cólicos al niño. También, debes evitar el alcohol, la automedicación, etc. Y desde luego, no hay necesidad de beber grandes cantidades de leche para producir la tuya... ¡eso no sirve de nada!

Quizá pueda ocurrir

Los problemas que puede causar amamantar:

Estrías:

- Causas: se ocasionan por una mala posición del pezón en la boca del bebé. En lugar de ser "chupado" con amplitud, es sometido a la fricción de la lengua y el paladar.
- Solución: para aliviar los senos, aplica crema cicatrizante, de venta en farmacias, y permite que se ventilen tanto como sea posible. Como último recurso utiliza los llamados silicones quirúrgicos, son efectivos, pero pueden perturbar al niño.

Obstrucción de la leche:

- Causas: la hora de amamantar se acerca pero has decidido dejar de hacerlo, por esta razón tus senos están llenos y hará falta ¡vaciarlos!

- Solución: puedes dar pecho más a menudo o utilizar un extractor de leche materna para vaciarlo cuando esté "lleno". También una ducha caliente sobre los senos alivia eficazmente el malestar.

Los abscesos (muy raro):

- Causa: es una infección microbiana por estafilococos que producen fiebre e hinchazón de los ganglios.
- Solución: suspender la lactancia y consultar al médico. Tomar antibióticos puede ser eficaz.

La madre es la única especialista en su bebé. Ella es quien conoce mejor las necesidades de su hijo.

> NOTA: La homeopatía propone numerosos remedios para favorecer la producción de leche, o bien, para limitarla para los problemas causados por la lactancia.

ESCENA 2
DOY BIBERÓN

¡Decidido! Para ti la solución ideal es el biberón. Amamantar no fue tentador y francamente tenías ganas de que fuera papá quien alimentara al niño; quizá tenías que volver pronto al trabajo... otra razón para elegir el biberón y la leche en polvo.

Si estás segura con tu decisión debes informar al personal del área de maternidad, antes de salir del hospital, que no deseas amamantar, ellos te entregarán un medicamento que inhibe la producción de leche materna. Mientras más pronto lo tomes, más eficaz será.

¿Este bote de leche, qué es?

Obviamente no es la que utilizas para preparar el café de la mañana. La leche para bebé está hecha a base de leche de vaca, pero ha sido modificada para adaptarse a las necesidades específicas del niño. La fabricación de esta leche es altamente regulada: controles bacteriológicos y composición química, así como todo lo relacionado con los nutrientes para la alimentación infantil.

La leche infantil contiene:

- Proteínas (los riñones del bebé son delicados como para procesarlas, por ello se sospecha que éstas hacen engordar al niño en los primeros años).
- Grasas esenciales (no saturadas).
- Lactosa (azúcar natural de la leche).
- Vitaminas (hierro, calcio, etc.).

¿Qué tipo de leche usar según la edad del niño?

Paseando por el pasillo de bebés en el supermercado, puedes sentirte desorientada por la cantidad de productos existentes, pero... ¿qué elegir?

Por lo general es el pediatra el que recomienda la leche más apropiada para tu niño. Está la leche clásica, la anti-regurgitaciones, otra más para niños alérgicos, etcétera.

Cualquiera que sea la marca, la leche se escoge según la edad del niño:

- De cero a cuatro meses: leche para la primera edad.
- De cinco meses a 10/12 meses: leche para la 2a. edad (mejor conocida como leche de transición).
- De 10/12 meses a tres años: leche de crianza (o leche en etapa de crecimiento).

En todo caso, para la leche en polvo lo más importante es una dosificación adecuada.

Una dosis = 30 ml de agua

Inconvenientes:

• Demasiado polvo es igual a leche demasiado espesa que resulta difícil de tragar, lo que puede provocar estreñimiento.
• Polvo insuficiente es igual a leche poco nutritiva.

¡HAY QUE DECIRLO!

Es posible que, frente a la mercadotecnia de las grandes marcas de leche, te sientas influida por los trucos publicitarios como: "enriquecido con...", "para estimular tal cosa o disminuir esta otra", etc. Pero ¡cuidado! Algunas de las innovaciones más recientes son muy caras: piensa bien la diferencia entre "más producto y mejor precio".

Pequeños consejos a granel

• Es mejor no cambiar de leche sin tener la opinión del pediatra, las ocurrencias o ganas de "probar otra cosa" pueden afectar al bebé porque éste se acostumbra rápidamente a ciertos hábitos... a veces lo mejor es no perturbarlo demasiado.
• Si compruebas que la leche no resulta conveniente para tu bebito (se digiere muy rápido, produce cólicos, regurgitaciones o alergias), antes de comprar un nuevo producto debes consultar a tu pediatra.
• La leche es la base de la alimentación del niño a lo largo de, cuando menos, un año. De cero a cuatro meses, es su único alimento. Desde los cinco meses empieza la diversificación de alimentos, a partir de nueve meses inicia una alimentación aún más variada.
• No decidas por ti misma si le darás leche de vaca a tu bebé antes de los nueve meses. Recuerda que esa leche no es rica en hierro y puede tener grandes carencias. Tú decides entre dejarte convencer por los argumentos de mercadotecnia de la leche de crecimiento o no; pero no olvides que la leche de vaca sólo se recomienda a partir de los tres años.

DILEMA

Las generaciones anteriores bebieron mucha leche de vaca, la cual comparada con los productos actuales es muy simple y, como ves, crecieron muy bien.

Sin embargo, si la leche de crecimiento existe hoy ¿por qué no aprovecharla?

El biberón

Se elige según la edad

- Silicona o látex para el chupón: eso depende de ti, pero es indispensable saber que el látex tiene un sabor mucho más marcado. La silicona es más recomendable, sobre todo para los bebés pequeños, ya que su modo de succión es rápido.
- La tapa del biberón: es imprescindible para poder transportar la mamila. Más tarde, se convierte en un juguete extraordinario que nos permite explicar el concepto de abierto/cerrado, lo cual es muy instructivo.
- El opérculo: es el compañero ideal de la tapa y es necesario para no inundar de leche la pañalera.
- La taparrosca: aflojándola un poco, el aire puede circular y dejar que la leche pase con más facilidad.
- El envase del biberón: ¿vidrio o plástico? Por lo regular se empieza con vidrio pues resiste mejor a la esterilización. Se cambia al plástico cuando el bebé es capaz de sostener el biberón. Existen mamilas de diferentes formas (curvas, redondeadas, etc.). Piensa, ante todo, en la forma que te facilite su limpieza: es importante que el cepillo para biberón pueda pasar por la boquilla sin dificultades, que puedan ser colocados en el esterilizador y sea sencillo retirarlos.
- El cepillo para mamilas: accesorio indispensable para la limpieza de los biberones.
- El cepillo para el chupón: muy práctico para conseguir la higiene perfecta.

El bebé utilizará biberones de 240 ml hasta los cuatro meses (procura tener unos siete durante este tiempo). Después habrá que pasar a aquellos que tengan una capacidad de 340 ml (tres o cuatro serán suficientes).

Las mamilas de 150 ml sirven para darle agua o jugo de frutas. Los micro-biberones de 40 ml pueden ser útiles para los medicamentos o las vitaminas.

ACCESORIOS VOLUMINOSOS, PERO MUY ÚTILES DE VEZ EN CUANDO:

- Los distintos instrumentos de medida (cucharas o botes) para dosificar la cantidad de leche conforme a la edad.
- El termo que permite transportar el agua caliente para preparar un biberón (recuerda verter la leche en el último momento).

Curso elemental para lavar adecuadamente un biberón

Las instrucciones presentadas a continuación te ayudarán desde el comienzo de tu carrera de mamá joven. Son muy fáciles de asimilar y las puedes repetir tantas veces como sea necesario, aunque, una vez asimilado el proceso, éste se volverá obsoleto:

1. Enjuaga el biberón con agua fría (de esta manera evitamos que queden residuos de leche).
2. Posteriormente, debes poner todas las piezas del biberón en agua caliente y jabonosa: el recipiente, el chupón, la taparrosca y el opérculo. Todo lo que haya estado en contacto con la leche.
3. Frota todas las piezas con el cepillo especial.
4. Enjuaga bien con agua tibia.
5. Escurre sobre una superficie limpia o sobre un escurridor de biberones.
6. Ponlo todo en el esterilizador.

La esterilización de los biberones: el eterno problema

Lo que piensa tu mamá:

"Debes esterilizar los biberones. Con todos los microbios que hay en el ambiente... ¿te das cuenta de los riesgos a los que expones a tu niño?"

Lo que piensa María, madre orgullosa de tres niños:

"Con Pablo, mi primer hijo, esterilizaba escrupulosamente todos los biberones y chupones que de alguna manera llegaban al piso o eran arrastrados sobre la alfombra de los juguetes. Con Julia, nacida dos años más tarde, los lavaba en la lavavajillas. Finalmente con Noé, el menor, apenas si los lavé con agua caliente."

¿Quién tiene la razón?

La abuelita es, sin duda, un poco excesiva respecto de los riesgos, los cuales se limitan a malestares digestivos.

Con el paso del tiempo María ya no siente culpa. Para un primer niño se quiere siempre un entorno híper-protector, se hacen todos los sacrificios necesarios, se tiene miedo de todo, en especial de los feos microbios. Con los siguientes niños, se es menos fatalista, se sabe que el resfriado pasará forzosamente casi al instante.

Sin embargo, la esterilización de las mamilas es una cuestión propia de las mamás especializadas en la higiene. Además, es bien sabido que la leche es un caldo de bacterias y es mejor evitar que ataquen a un aparato digestivo todavía inmaduro.

Los pediatras recomiendan esterilizar los biberones durante la etapa en la que los bebés se llevan todo a la boca (alrededor de los tres o cuatro meses). Así que seguramente vas a seguir sus consejos.

Hay también otros métodos que puedes elegir según tu estilo de vida, el tiempo del que dispones y los medios con los que cuentas.

	Esterilizador eléctrico	Esterilizador de microondas	Esterilizador al frío
Aparato	Un recipiente generador de vapor voluminoso.	Una caja en la que se pone el agua para transformarla en vapor	Funciona con pastillas efervescentes que se sumergen en agua
Ventajas	Es rápido (de 10 a 20 minutos). Tiene gran capacidad (caben seis biberones con sus accesorios).	Más rápido (10 minutos en total).	Práctico para esterilizar biberones en cualquier lugar fuera de casa.
Desventajas	Requiere un conector de electricidad. Debe lavarse con frecuencia.	Tiene una capacidad limitada (cuatro mamilas máximo).	La duración es de 30 a 90 minutos. Deja un sabor a cloro en los chupones. Requiere un recipiente adaptable.

¡Cuidado! A menudo el esterilizador incluye un paquete de mamilas. Asegúrate de que los biberones de otras marcas pueden ser utilizados en él, de lo contrario estarás condenada a serle fiel a un fabricante.

SOLUCIÓN

Durante el fin de semana con los amigos o en las vacaciones con la abuelita, no debes sentirte obligada a llevar contigo un esterilizador: una olla exprés puede cumplir esa función. Coloca en ella los biberones y los accesorios previamente lavados, tomará alrededor de 10 minutos a partir de que el vapor la haga silbar. Pero si tus amigos no tienen una olla exprés, no entres en pánico, también puedes usar una cacerola grande para hervir agua. De igual manera, pon a hervir los biberones durante 25 minutos y luego añade los chupones (5 minutos).

ESCENA 3
ERUCTOS Y COMPAÑÍA O
"LOS MODALES SE APRENDEN
MÁS TARDE..."

Más adelante, tendrás todo el tiempo para reforzar su educación, por ahora el bebé producirá todo tipo de gases muy poco elegantes.

El eructo

Algunos bebés tienen eructos dignos de un estómago adulto mal educado. Hay otros que tienen un ligero hipo cantante... o producen eructos silenciosos que rocían el hombro con un reflujo lechoso. En suma ¡cada uno eructa como puede!

Ya sea bebiendo en el biberón o, en menor medida, tomando pecho, los bebés tragan aire. Eso puede causar molestias que se manifiestan mientras mama del pecho o después de la comida. Una vez que haya terminado de alimentarse endereza a tu bebé de manera que su cabeza se apoye sobre tu hombro. Dale ligeros golpecitos en la espalda, no hay necesidad de sacudirlo, ni de pegarle vigorosamente. Si nada viene al cabo de 10 minutos, acuéstalo sin preocupaciones.¡El eructo no es obligatorio! Si no sale aire, empecinarse no cambiará nada, el niño no debe ser molestado

El hipo

Hay niños más propensos al hipo. Es probable que lo descubras si percibes leves sobresaltos. De vez en cuando amamantar puede desencadenar el hipo y será impresionante ver al pequeño con tantas sacudidas. En realidad el hipo te sacude más a ti que a él. Por lo regular los bebés no se sienten incómodos por el hipo, basta con ofrecerle algo de beber o esperar a que el fenómeno pase.

Sí es posible acostar a un niño con hipo.

La regurgitación

Es, en principio, una de las inquietudes más recurrentes en las mamás. Desde luego puede ser problemática según su intensidad. Si se trata de una pequeña devolución de leche, durante un eructo o un poco después del mismo, no hay de qué preocuparse. Quizá el bebé ha comido demasiado y se deshace del pequeño exceso de alimento. En cambio, si estas devoluciones se producen regularmente, se trata de un fenómeno de reflujo que tal vez se deba a la inmadurez del sistema digestivo del bebé. El píloro que cierra lo alto del estómago aún no está desarrollado.

LA OPINIÓN DEL ESPECIALISTA

Con frecuencia todos los problemas concluyen al cabo de un año, pero es importante consultar a un médico y tomar las precauciones necesarias para evitarle molestias al niño. Leche un poco espesa, inclinar la cama para que la cabeza quede alzada o una dosis de antiespasmódico pueden ser las soluciones más eficaces.

Si las regurgitaciones son muy fuertes, parecidas a vómitos, quizá se trate de una malformación congénita, llamada *estenosis del píloro*, la cual requiere intervención quirúrgica.

ESCENA 4
FRUTAS, VERDURAS Y CEREALES:
¡VIVA LA DIVERSIFICACIÓN!

A partir del quinto mes el sistema digestivo del bebé se encontrará más maduro y podrá probar montones de cosas nuevas. Pero ¡cuidado! ¡Diversificar no significa alimentarlo como adulto! ¡Nada de pedir para el bebé un plato de papas fritas! La leche sigue siendo la base de su alimentación. Los nuevos alimentos entrarán progresivamente en su menú para darle los nutrientes necesarios para su óptimo crecimiento. Esta incorporación tiene como fin desarrollar su gusto, pero también iniciar las buenas costumbres alimenticias.

¿Cómo hacerlo?

El médico te dirá cuándo y por dónde empezar. El peso del niño será tomado en cuenta: un pequeño bien nutrido comerá verduras (bajas en calorías) más temprano que el niño que aún tiene que aprovechar los nutrientes de la leche. Hoy día, se tiende a aplazar el comienzo de la diversificación hasta el quinto mes. La finalidad es evitar el riesgo de alergias que se derivan de la temprana introducción de los alimentos diversificados.

Desde los cinco meses	Cereales infantiles (algunas cucharaditas en el biberón de la mañana).	El bebé requiere energía, aportan azúcares, pero también vitaminas y hierro.
	Frutas, papillas, frutas cocidas, jugos (algunas cucharadillas para empezar, después la porción de un pequeño bote).	Aportan fibras (contribuyen al tránsito intestinal) y también vitaminas.
	Legumbres: purés de zanahoria, chícharos, papa, etc. (al inicio puedes mezclarlos con el biberón de la tarde).	Fuente de fibra y vitaminas.
De seis a nueve meses	Carnes de res, ternera, pollo, jamón, etcétera. (todo excepto las menudencias).	Fuente de proteínas.
	Pescados. Que sean bajos en grasas: merluza, lenguado, bacalao fresco salmón, etcétera.	Fuente de proteínas.

De seis a nueve meses	Huevos. Se comienza con la mitad de la yema (la clara podrá ser ingerida a partir de los nueve meses).	Aporta proteínas.
	Pasta de tamaño pequeño y sémola.	Azúcares.
	Productos lácteos (de preferencia que sean especiales para bebé).	Fuente de calcio, de proteínas y vitaminas.
	Materias grasas (mantequilla, aceite, cremas batidas).	Vitaminas y ácidos grasos.
De nueve a 12 meses	Quesos (salvo los que están hechos a base de leche sin desnatar). Quesos de pasta mediana o dura (deben ser rallados).	Fuente de calcio, proteínas y vitaminas.
	Frutas y verduras crudas.	Vitaminas y fibras.
	Pan y galletas poco azucarados.	Aportan azúcares y vitaminas.

¡Cuidado! Ciertos alimentos están prohibidos formalmente para los niños y sólo pueden consumirlos hasta que cumplen cierta edad:

- Las claras de huevo no antes del primer año.
- Cereales, pescados en conserva, alimentos fritos o arroz: a partir de los 18 meses.
- Frutos secos, dátiles, higos, ciruelas pasa, chocolate y refresco: a partir de los 24 meses.
- Quesos de leche entera, embutidos, huevos cocidos: a partir de los tres años.
- Cacahuate, nuez, avellana: a partir de los cuatro años.

CONSEJOS ENTRE AMIGAS

- Intenta cocer las verduras al vapor, de esta manera las vitaminas se preservarán mejor.
- No dudes en utilizar los purés congelados, siguen siendo deliciosos y se preparan con rapidez.
- No te comas el plato del bebé, de lo contrario nunca perderás esos kilos de más.

Testimonios

Ana, 28 años, ingeniera en informática:

"Siempre sentí mucha culpa por darle a mi hija alimentos industriales en exceso ¿soy una buena madre?"

Ana, como la mayoría de las mamás, aprovecha las ventajas de la industria alimentaria para niños. Es cierto que los productos son controlados rigurosamente y son perfectamente sanos. El único problema... ¡es el aburrimiento! A pesar de los esfuerzos, todas las texturas se parecen y los sabores son siempre muy semejantes. Entonces ¿por qué no intentas algo distinto? Alterna los productos industriales con los alimentos caseros para que el bebé descubra la amplia gama de sabores que le ofrece el mundo sin que mamá pierda demasiado tiempo.

Julia, 33 años, gerente administrativo:

"Un día, preparé un delicioso puré de verduras batido con mucho amor; le añadí un poco de mantequilla y una pizca de queso rallado. Pablo probó dos cucharaditas y después se rehusó a abrir la boca. Con gusto ¡le habría lanzado el plato en la cabeza!"

¡Ay, mi pobre Julia! Acabas de sentir la experiencia de la ingratitud de los niños. No hay problema. En caso de recibirla, saborea el puré delante de Pablo, quien se rendirá al sabor una vez que le parezca bueno, ¡intrígalo!

Ve a dormir... ¿quieres?

EXPOSICIÓN DE LA ESCENA

Lo ideal sería que, desde tu salida del hospital, durmieras alrededor de 10 horas seguidas, en tu habitación y sin ningún tipo de interrupción. ¿No es verdad?

El problema es que el bebé ideal es como la mamá ideal, ninguno de ellos existe. Mientras tanto, son las 4 a. m. acabas de despertar, el bebito bonito de dos meses y medio todavía reclama que lo alimentes... con tu pecho ¿cuándo va a terminar esto? ¿Qué puedes hacer?

TÚ EN TU PAPEL DE MAMÁ

Mamá 1. Duermo a pesar de todo.

El bebé nunca te despierta completamente: como duerme en tu cama, le das pecho en el momento mismo que abre un ojo. Con este método, continúas alimentándolo ¡toda la noche! Pero se encuentra seguro. Tu esposo teme rodar sobre el bebito a lo largo de la noche, así que duerme al borde de la cama y no se atreve ni a mover el meñique.

Amamantar conforme el niño lo requiera exige, al menos, que se alimente una vez por noche los primeros meses de vida. Para ciertas mamás es más fácil tener al bebé a mano ¡para darle pecho! Sin embargo, este despertar nocturno pronto será un recuerdo lejano; al cabo de algún tiempo, el bebé será capaz de permanecer sin comer alrededor de 10 horas.

Mamá 2. Yo me organizo.

¡Menos mal que papá se levanta por el biberón nocturno! Sí, esto es un buen reparto de las tareas. Durante el día mamá hace lo que puede para ocuparse de todo, pero en la noche, agotada, deja gustosa que papá se ocupe del bebé. Mamá no tiene problemas en dejar que él "haga sus noches".

¡He aquí una mamá afortunada! A menudo las mamás están "conectadas" con el sueño del bebé y se despiertan al más mínimo gemido. Pero si papá acepta la organización que mamá le solicita por la noche: ¡Qué mejor! Estos padres saben que, de todos modos, el pequeño no despertará muchas veces y así todo el mundo dormirá como de costumbre.

Mamá 3. Ya no puedo más.

¡Todas las noches es lo mismo! El bebé se despierta, mamá le da de comer y se vuelve a dormir... ¡pero ella no! En consecuencia, las "noches" del niño se convertirán en una obsesión. Deberías consultar a tu pediatra para hablar de ello.

A lo largo de los primeros meses de vida, el bebé pasa más tiempo en los brazos de Morfeo que en los tuyos. Pronto comprenderás que, cuando duerme, tú también puedes dormir. Practicarás lo que podría llamarse "entrenamiento cosmonauta": Dormirse un momento donde sea y cuando sea.

Es por eso que mamá siempre está atenta (y cansada), ¡debe hacer todo lo posible para preservar el sueño de su bebito!

ESCENA 1
LOS ACCESORIOS DEL SUEÑO

Quizá te preguntas si la elección de la cama del bebé merece una atención particular. A diferencia de los accesorios que servirán sólo algunos meses, con la cama hay que "desquitar la inversión". Es un mueble que tendrás a la vista mucho tiempo y es mejor elegirlo de acuerdo con tus gustos. Además debe responder a numerosas normas de seguridad, por lo que, si la cama tipo princesa te desespera, imagina a tu hija enredada y colgada del techo entre metros y metros de tul.

La cuna del recién nacido

Aunque se adapta a la talla del pequeño, una cama con barras de protección siempre parecerá demasiado grande para el recién nacido.

Sin duda, te darán ganas de acostarlo en un moisés o en alguna cesta con bordes más estrechos para que no se sienta extraviado en tanto espacio. Por ello, de los cero hasta los tres meses utilizarás una cuna de mimbre (moisés), o si lo prefieres, una cuna que durará hasta los seis meses. En ese espacio, por ser más reducido, el bebé se sentirá protegido, como si estuviera en un capullo, casi como en el vientre de su madre.

Debes procurar que su primer espacio de sueño sea suave, cómodo y a la vez seguro.

Hay familias en las que una misma cuna ha acogido a muchas generaciones de bebés: si heredaste la cuna o eres de las que incluso durmió en ella, debes tener mucho cuidado con las medidas de seguridad. Sin ofender a tu mamá o suegra, hay que renegar de la tradición si el objeto en cuestión ya no corresponde con las normas actuales.

¿Qué debe incluir una cuna segura?

Si se trata de un moisés o cuna de mimbre debe tener:

- Un fondo plano y sólido.
- Paredes de mimbre liso con una profundidad mínima de 20 cm.
- Gran resistencia en las asas, cuya medida será de menos de 30 cm.

La cuna de madera debe ser colocada a ras del piso y mantener el equilibrio, el colchón tendrá que corresponder exactamente con las dimensiones del fondo. Recuerda que la cuna no puede ser utilizada como porta-bebé.

Características necesarias:

- Un fondo llano y sólido.
- Una altura de 20 cm como mínimo.
- Barrotes cuya abertura inferior sea de 7 cm o menos.
- Ruedas con frenos.
- Un espacio menor a 1 cm entre el colchón y las paredes.

La cama con barras de protección:

Al cabo de algunos meses, pondrás al bebé en su pequeña cama con barras de protección. Antes de adquirirla, debes comprobar que cumpla con las siguientes medidas:

• Paneles con una altura mínima de 60 cm.
• La separación de los barrotes ha de oscilar entre 4.5 y 6.5 cm.
• Los barrotes tienen que estar en posición vertical y, en ningún caso, el bebé puede sobrepasarlos.
• El colchón debe corresponder exactamente con las dimensiones de la cama.

Las opciones:

• El panel lateral deslizable es muy práctico para tomar al bebé sin tener que inclinarse demasiado.
• La base de la cama puede ser modulable. Para el niño de pecho que casi no se mueve se utiliza la posición alta, pero en cuanto el bebé alcanza los barrotes se cambia a una más baja.
• Las ruedas con frenos de seguridad son opcionales, pero suelen ser muy útiles para desplazar fácilmente la cama.

NOTA: No olvides vigilar los puntos siguientes:

• El mantenimiento y acomodo de la cama deben ser fáciles.
• Si por algún motivo debes pintarla, evita la pintura a base de plomo, es tóxica para los niños, sobre todo durante el periodo en el que salen los dientes y suelen morder los barrotes.

La cama con barras de seguridad acogerá a tu niño hasta los dos años y medio, incluso hasta los tres años. Luego tendrás que pasar a la cama tradicional o la cama "junior" para niños de tres a ocho años (atención, este tipo de cama implica adquirir juegos de sábanas y colchas especiales, poco comunes y bastante caros). A menudo se utiliza una cama con barras removibles que libera a los padres de gastos innecesarios.

La cama plegable:

Para el fin de semana, durante los viajes, o para todo tipo de desplazamiento, las camas plegables son muy útiles. Aunque las llamadas "camas portátiles" también deben responder a diversos criterios.

El peso: debe ser ligero. No hay nada más horrible que irse de fin de semana cargados como mulas de trabajo y una vez en casa de nuestros amigos, papás, primos, etc., debemos desempacar las cuantiosas maletas que no sólo contienen nuestro equipaje sino también los juguetes, los trajes, la documentación y hasta la cama del niño. Sin duda una enorme carga que les va a entumecer los músculos del brazo todo el fin de semana.

La facilidad para plegar y desplegar la cama: antes de comprarla ¡pruébala! Si la vendedora te lanza una mirada enfurecida (y claro que lo hará), tú le dirás: "claro que le creo señorita, se ve que esta cama se dobla fácilmente, pero aún así quiero probarla…"

No hay nada más irritante que tener una cama que no puede abrirse cuando el bebé se frota los ojos porque no puede conciliar el sueño sobre la alfombra.

Es recomendable preferir las camas que, a los costados, tienen una red protectora, de esta manera el bebé puede respirar mejor a la vez que observa lo que pasa a su alrededor.

¡Cuidado! Ha llegado el momento de hablar de un asunto muy doloroso, pero que hacía falta traer a colación para limitar los riesgos. Se trata de la muerte súbita del recién nacido.

En la actualidad este horrible fenómeno ha disminuido gracias a las medidas preventivas que han sido instauradas. ¡Síguelas!, están hechas para el bien de tu niño.

LA OPINIÓN DEL ESPECIALISTA

- Cuida que la temperatura del cuarto donde duerme el bebé sea de aproximadamente 19 °C.
- No fumes en el cuarto.
- Siempre acuesta al bebé sobre su espalda a menos que el pediatra indique otra cosa (por ejemplo, en caso de regurgitaciones severas). Si no permanece sobre su espalda, utiliza un sujetador de bebé para cama durante los primeros meses.
- No utilices ninguna almohada o cubierta sobre la que el bebé pueda quedar atrapado y se ahogue.
- Vístelo con un mameluco o pijama que lo mantenga caliente, pero que no lo apriete y sofoque.

Para proteger la cama serán necesarios:

- Uno o dos hules plastificados.
- Cuatro juegos de sábanas.
- Un cubre-barrotes para el extremo superior de la cama (se recomienda que los cojines estén fijos y sean sólidos para resistir los impactos).

ESCENA 2
EL NIDO PARA EL BEBÉ

¡Ahh, el cuarto del bebé! Has pasado las últimas semanas de tu embarazo imaginándolo, preparándolo, dejándolo impecable. Pero resulta que debes improvisar un espacio en la esquina de tu recámara para instalar al bebé.

Que tengas el alma de una decoradora o seas buena para pegar el papel tapiz de ositos de peluche no quiere decir que tengas que evadir algunos consejos.

Cosas por hacer

- Crear un espacio iluminado y acogedor que cuente con objetos só-lidos y muebles estables donde el bebé pueda dormir, jugar y, más tarde, hacer la tarea o recibir a sus compañeros de escuela con comodidad.

- Elige colores neutros.
- No utilices productos tóxicos (pintura sin plomo, por ejemplo).
- Si vas a personalizar el cuarto del bebé, no lo hagas de golpe. Recuerda que él desarrollará un gusto propio y entonces tendrás que cambiar todo.
- Reserva un lugar para la decoración suplementaria o después no sabrás dónde poner la mesita de trabajo o la pista de carreras a gran escala.
- Elige muebles que ahorren espacio, como la mesa que se transforma en cómoda o el cofre para juguetes que sirve de banco.
- Vigila siempre las cerraduras, las ventanas y los frenos de las rueditas de la cama.
- Si el suelo es frío, utiliza alfombras lavables que puedan fijarse al piso (con adhesivos removibles).

Qué no hacer

- Llenar el cuarto del bebé con cosas inservibles: baratijas de porcelana o tejidos curiosos.
- Pintar los muros de fucsia para que combinen con los cubrecamas tejidos por la abuela.
- Tomar el bote de pintura que tenías olvidado desde hace un siglo y aprovecharlo para pintar la cama heredada del bebé.
- Rediseñar toda la habitación y pasar de los "ositos de peluche" a "los carruseles" en rosa o azul.
- Elegir una cómoda "bonita" con aberturas en forma de corazón y un solo cajón (no es práctico).
- Utilizar un cofre viejo de juguetes sin cerradura.
- Poner una alfombra delicada y resbaladiza.
- Decorar con muebles estilo Luis XVI (difícilmente son compatibles con los pósters de los Power Rangers).

Lámpara, muñeco luminoso y cajitas musicales

Testimonios

Cristina, 27 años, mamá de Máximo (dos años):

"Realmente me acostumbré a dormir con una lamparita y hoy, a mi edad, no puedo dormir en completa oscuridad. No cometeré el mismo error con mi hijo..."

MI CONSEJO

Durante la edad en la que se teme a la oscuridad, hacia los dos años y medio o tres años, una lamparita puede tranquilizar a ciertos niños. Sin embargo, debes saber que, si no te acostumbras a dormir sin luz, difícilmente te quitarás el hábito.

Testimonios

Margo, 25 años, mamá de Lola (seis meses):

"Me habían dicho: cuando estás embarazada debes pegar sobre tu vientre la cajita musical para que el bebé la reconozca después de su nacimiento... y a mi bebé, de tanto escucharla, le resulta insoportable."

MI CONSEJO

No vale la pena empecinarse con las cajas musicales antes del nacimiento del bebé, ya tendrás oportunidad de escoger una a tu gusto y de él. Existen diversas clases de objetos musicales. Los móviles son particularmente interesantes, pues apaciguan al niño y concentran su atención gracias al movimiento rotativo. No elijas un móvil que se mantenga fijo, ya que no llamará la atención del pequeño.

Testimonios

Carla, 33 años, mamá de Teodoro (14 meses):

"Le regalaron a mi hijo una cajita musical luminosa que proyecta las imágenes en el techo. En cuanto la puse en marcha Teo se puso a llorar... las formas que veía sobre los muros lo asustaban."

MI CONSEJO

Si fue una buena amiga la que te hizo ese regalo, atrévete a decirle la verdad para que intente cambiar el juguete en la tienda donde lo compró.

ESCENA 3
¡SIGUE EL RITMO, BEBÉ, SIGUE EL RITMO!

Los horarios de sueño del bebé tienen un ritmo, un papel y lugar. La mamá que no está acostumbrada a su hijo los conoce mal y se inquieta debido a que no puede administrarlos. Sin embargo, el tiempo se puede organizar mejor cuando se conoce el horario de las siestas del bebé.

Se sabe que el sueño del niño determina el de la mamá y el de toda la familia... De hecho, los desórdenes del sueño son una causa frecuente de la mayoría de las consultas pediátricas.

Pero, confesémoslo, la gran pregunta que inquieta el espíritu de todos los padres y les produce ojeras es aquella que planteamos a la mañana siguiente, después de haber dormido "a pausas" (una hora entre cada despertar del niño llorón): "¿Hasta cuándo dormirá mi bebé durante toda la noche?"

Para poder responder hace falta, en primer lugar, presentar algunas nociones básicas. Cuando uno sabe que todos los niños pasan por ciertas etapas de sueño es más fácil aceptar la situación... ¡y los surcos bajo los ojos!

La duración

En un año la duración del sueño se distribuye entre la noche y las siestas. Consiste en un proceso necesario para el desarrollo del bebé:

El primer mes	De 1 a 4 meses	De 4 a 8 meses	De 8 a 12 meses	De 1 a 3 años	A partir de los 3 años
De 20 a 23 horas	De 18 a 20 horas	De 16 a 18 horas	De 14 a 16 horas	De 13 a 15 horas	11 horas

El cuadro es un aproximado. Sabemos que hay muchos tipos de niños y adultos, desde inquietos hasta pasivos dormilones.

Los ciclos

Los especialistas aseguran que el bebé, como el adulto, alterna ciclos de sueño profundo y paradoxal; salvo que, para el infante, su frecuencia y distribución no son las mismas.

Sueño paradoxal o rápido

• El niño puede parecer agitado, entorna los ojos, tiene movimiento reflejo en sus miembros. Nada de qué preocuparse, este es el sueño próximo al despertar.
• En esta etapa de su vida el sueño es importante para la maduración del cerebro, desarrollo neuronal y la adquisición de los aprendizajes de memoria.

  – Es la fase en la que el bebé sueña.

• El sueño se intensifica a partir de la media noche, por ello, cuanto más duerma el niño, mayores serán los beneficios que obtenga.

Sueño profundo o lento

• El niño está en calma y respira lentamente.
• Es la fase de recuperación física y de la producción de hormonas de crecimiento.
• Este sueño tiene lugar, principalmente, al principio de la noche.

Entre un ciclo y otro puede producirse un despertar, por lo regular de corta duración. Para el bebé la dificultad consiste en volver a dormir sin la presencia de sus padres, sin biberón, sin música, etc. Por ello, aprender a dormirse a solas es el primer paso para iniciar el camino de la autosuficiencia.

Aproximadamente a los dos años de edad el sueño del bebé comienza a regularizarse, hasta entonces puede tener tropiezos y fallos en su ritmo. Así que no te preocupes si a veces sucede.

Testimonios

Janet, mamá de Lucía (un mes):

"Mi hija todavía toma mamila. Cuando me levanto para prepararle la leche ya no puedo dormir porque después de un rato Lucía se agita terriblemente. No tardo en levantarme para ir a verla y hacer que se vuelva a dormir. Estoy muy cansada de sus múltiples despertares, no sé qué hacer."

LA OPINIÓN DEL ESPECIALISTA

El despertar ocasionado por el hambre es completamente normal y continúa hasta los tres meses. Los despertares agitados de Lucía no son más que manifestaciones de un sueño paradoxal. La niña se mueve mucho pero, sin duda, aún no ha despertado completamente. Cuando vas a atenderla y le das biberón o la llenas de mimos, la estás acostumbrado a tu presencia. Aprender a dormir a solas es un aprendizaje necesario para que el niño duerma noches completas.

Testimonios

Yocelyn, mamá de Adrián (dos años y medio) y de Luisa (10 meses):

"Luisa entiende la diferencia entre la noche y el día. No toma biberones durante la noche, pero siempre se le ocurre llamarme (llorando) a las cuatro de la mañana. Francamente dudo entre dejarla llorar o levantarme."

La opinión del especialista

A partir de los tres o cuatro meses, el bebé está listo para dormir noches completas: tú como mamá debes mostrarle la diferencia entre el día y la noche. El bebé puede dormir muchas horas seguidas sin comer, beber, etc. Pero también sabe muy bien que sus padres están ahí para acudir si los llama. En este caso puedes aplicar el método del "grito cronometrado." No sirve de nada dejar llorar a un bebé. Cuando te llame a gritos espera sólo 5 minutos, después ve a ver a la niña, pero hazlo de manera rápida y eficaz, sin encender la luz ni tomarla en tus brazos. Dile que ahí estás y que debe volver a dormir. Debes ser gentil, pero firme. Si continúa llamándote, espera 5 minutos más y vuelve allá para repetir la misma acción. Hazlo de este modo las noches siguientes, agregando unos minutos extra cada vez. Por lo general este método es eficaz y los resultados son visibles después de algunos días.

Un cuento maravilloso para las mamás

Érase una vez una mamá cuyo hijo se levantaba desde siempre muy temprano. Pero entonces llegó la mudanza y puso de nervios a toda la familia, que sobre ruedas abandonaba el hogar. El pequeño tenía seis meses y en su nueva casa se despertaba todos los días a las cuatro de la mañana. Mamá no sabía qué hacer y en su desesperación dio una mamila al pequeño antes de llevarlo a dormir. Esto se convirtió en vicio. Mamá no conseguía salir del "círculo vicioso" en que se había metido, estaba muy cansada porque su bebé sólo se dormía después del biberón, pero por la noche despertaba. Al cabo de algunas semanas con este ritmo, mamá comenzó a sentirse verdaderamente deprimida. Acudió a un hospital donde había un médico especializado en el sueño de los niños. La mamá le explicó el problema y el amable doctor se dirigió directamente al niño: "sabes, por ahora no eres más que un pequeño bebé y es normal que te despiertes por las noches… aunque eso no cambia que ya eres lo bastante grande como para dormirte a solas. La noche se hizo para dormir, no para tomar biberón, ni llamar a mamá, porque mamá también está dormida. Esta noche, si te despiertas, dale un abrazo a tu osito de peluche y vuélvete a dormir."

El niño había escuchado atentamente las palabras del señor de bata blanca. Por la tarde, mamá le repitió las mismas palabras. Al día siguiente, mamá miró el reloj al despertar… eran las 7:30 a. m.

Pareciera que de vez en cuando, basta hablar para entenderse…

Copia en una hoja de papel las frases que te conciernen y pégalas sobre el espejo del baño (para leerlas al mismo tiempo que te miras con el cabello despeinado por la mañana):

- No pueden decirme que si mi bebé me despierta en la noche es porque aún no ha regulado su sueño.
- Mi pequeño es un niño durmiente, pero hace falta que me acostumbre a su ritmo.
- A mi hijo le cuesta trabajo distinguir el día de la noche. No tiene caso que le pida levantarse tarde el domingo, es inútil.
- No, no debo ayudarlo a dormir tomándolo en mis brazos en cuanto comience a moverse.

DORMIR CON LOS PAPÁS

Es un método muy usual. Consiste en dormir con el bebé durante la lactancia para evitar levantarse y despertarse completamente, para el bebé la proximidad también resulta tranquilizadora.

Nadie puede juzgar a la ligera este modo de proceder. Si tú, tu pareja y tu bebé se sienten contentos con este método, qué mejor. Sin embargo, dormir sistemáticamente a un niño arrullándolo con los brazos o tenerlo siempre contigo en la cama puede crear una relación de dependencia.

El pequeño debe aprender a calmarse y a encontrar a su alrededor algo con qué tranquilizarse. Acostarlo en la cama de los papás lo priva de este aprendizaje y produce confusiones con la privacidad de cada uno: "esto es del bebé y esto de papá y mamá". Queda a tu consideración.

Rechinando de limpio

EXPOSICIÓN DE LA ESCENA

"¡Vamos!" "¡Es la hora del baño!" Es tu pequeño ritual.

Hacia el final de la tarde, después del trabajo, te preparas para pasar un delicioso momento con tu niño en la atmósfera caliente y húmeda del baño: es momento con tu niño de la sesión diaria de higiene corporal.

Todo está listo: el cuarto está a buena temperatura, el agua caliente no hace falta, el patito de hule flota graciosamente en la bañera… pero el bebé no parece estar muy motivado…

¿Qué puedes hacer?

TÚ EN TU PAPEL DE MAMÁ

Mamá I. No tiene importancia.

No tiene ningún caso preocuparse si el bebé no quiere tomar su baño, ya se bañará mañana. Es mejor que pase un buen momento jugando que obligarlo a bañarse. Después de todo siempre habrá una esponja esperando por él.

Efectivamente, el baño no es una obligación diaria, aunque sí es parte de una buena higiene y también de un buen momento de relajación. La cuestión es si tú no tienes ánimo, el tiempo o si el bebé prefiere quedarse a jugar con sus primos que han ido a visitarlo... ¡a veces la hora del baño es un callejón sin salida! Sin embargo, debes procurar que el niño siempre esté lo más limpio posible (manos rostro y ropa).

Mamá 2. Bañarse es algo bueno.

"No, no, no ¡uno se baña todos los días! Será mucho peor para el niño si no tiene ganas de sumergirse en el agua, yo me encargo de eso." "¡Oh, mira, el pato hace una carrera con la ballena!" "Pluf, splash."

Lavarse todos los días, a horas regulares, es un ritual que permite a los niños acostumbrarse a un horario. A menudo están interesados en otras actividades y les resulta molesto dejarlo todo para ir a bañarse. Será necesario usar trampas para transformar el deber en un juego. Además, en el baño se aprende a llenar y vaciar: he aquí una experiencia de física aplicada muy enriquecedora.

Mamá 3. Nunca estoy tranquila.

Si tus preocupaciones son: la temperatura del agua; el hecho de que el pequeño cuerpo del bebé esté enjabonado y pueda resbalarse de tus dedos; el miedo a que, ya mayor, beba el agua de la taza... entonces te confirmamos que te preocupas demasiado, para ti ¡el baño es sinónimo de pánico!

Los primeros baños pueden parecerte un poco peligrosos, pero hay numerosos criterios que debes tomar en consideración para que esto no resulte un problema. Muy pronto, al igual que los otros cuidados diarios, te acostumbrarás a la rutina. Sin embargo, debes mantenerte alerta y nunca dejar a un niño solo en el baño.

ESCENA 1
¿CAMBIARLO? NO, NO, ¡YO DESDE AQUÍ TE VEO!

Seguramente a estas alturas ya has agarrado el paso. Si antes sentías asco al ver a las mamás limpiar las pompis sucias de su bebé, ahora, querida mía, parece algo olvidado.

Todo un lote de "premios" te está esperando (en mi familia los llaman también "bombas" o "paquetes sorpresa"). Estamos hablando de los distintos tipos de desechos:

- La hermosa pis, solitaria y perfumada.
- La popó, sólida y producida en una sola pieza que resulta fácil de limpiar.

- Popó estallido, como la explosión de una bomba nuclear, pero en múltiples pedazos.
- La mega-popó, que llega hasta la espalda del bebé y viene en dos versiones: la traviesa que "chorrea" o la "pegajosa" incorregible.

Acompañando a los desechos, está toda una gama de olores que dependerán de la comida que le hayas proporcionado al bebé; desde los ligeros aromas a estiércol lácteo, hasta la pestilencia tóxica de los desechos de pollo con coliflor.

BOTES DE BASURA

Existen botes de basura diseñados especialmente para encerrar los incómodos olores a pañal de bebé, incluso hay botes electrónicos; tener uno de esos sería lo ideal. Basta ir a las tiendas de puericultura y mirar los productos que ofrecen para darse cuenta de la variedad y elegir el que más nos convenga. Recuerda, sin embargo, lo que ciertos ecologistas señalan: los botes aislantes de olor son artefactos difíciles de utilizar y las recargas para su óptimo funcionamiento suelen ser muy caras.

La preocupación por la ecología ha logrado que las bolsas de plástico ya no se distribuyan en los supermercados, lo cual es bueno para el planeta, pero no para los jóvenes padres que no podrán utilizarlas como aislantes para las apestosas bombas antes de deshacerse de ellas. De manera que, sin bolsitas ni contenedores especiales, el desagradable olor a pañal perfumará toda tu casa y aislar los residuos seguirá siendo una tarea especial. Quizá haya que poner el bote de basura en el rincón más remoto para evitar el envenenamiento a través del olfato.

BASTA DE BROMAS, ¡HAY QUE CONCENTRARSE!

Durante los primeros meses se debe cambiar al bebé de seis a 10 veces por día, es decir, en cuanto el pañal esté sucio. Se trata de una cuestión de higiene, pero también de cuidado y cariño. Cambiarlo no sólo es limpiarlo y ponerle un pañal, también es un maravilloso momento de intimidad, mimos y juegos de todo tipo. Desde luego, al bebé no le gusta andar desnudo, pero no tienes de qué preocuparte con toda la ternura y cuidados que le das. Mamá y papá ¡pronto se acostumbrarán!

Para algunos cambiar los pañales es una de las tareas más difíciles de la paternidad. Con disgusto desempeñan una labor que a todas luces los deja particularmente abatidos. Sin embargo, deben tratar de motivarse entre sí, de estimular su orgullo y convencerse de que como súper papás deben cumplir con una peligrosa misión... "sí, querido, te toca a ti. ¡Para un hombre como tú que no le teme a nada, un poco de excremento verde es algo ridículo!" Establece un objetivo: ganar el premio a la eficacia o a la mamá que más rápido cambia un pañal... ¡una vez motivados no hay marcha atrás!

Información del especialista

Los primeros días después del nacimiento el bebé defeca "el meconio", una sustancia de color verde oscuro, casi negro, que se acumuló en el intestino durante el embarazo. A partir del tercer día las heces comienzan a cobrar un tono más claro, esta es la señal de que el bebé necesita más leche. Alrededor del quinto día los desechos tienen la apariencia de las heces normales de los lactantes (una textura pastosa o líquida de color mostaza y olor moderado). Después de los primeros tres ó cuatro días debemos observar un aumento en el volumen y al final de la primera semana el bebé debe tener de dos a tres evacuaciones por día. Ten presente que la mayoría de los niños, casi siempre, orinan el pañal después de cada comida.

¿Y cuándo hago el cambio?
¿Antes o después de la comida?

Esa es una buena pregunta. Seguramente la abuela te dirá que debes cambiar al bebé antes de comer para que no vomite o regurgite cuando lo hagas eructar. Sin embargo, si ya sabes que el bebé va a descargar, será mejor esperar un poco después de que se haya acabado la mamila para que entregue el paquete completo. Basta tomar algunas precauciones y no mover demasiado al niño ¡está lleno de leche!

¿Qué pañales elegir?

Puede darte vértigo ver tantas marcas, tipos y tamaños en el pasillo de pañales de los supermercados, pero hay varios puntos que debes considerar:

- Los recién nacidos tienen heces muy líquidas que requieren pañales altamente eficientes.
- El tamaño del bebé no importa, lo importante es el peso. Todos los pañales ofrecen una variedad de acuerdo con el peso del niño (5-9 kg, 10-13 kg, etc.). Es necesario que el peso del pequeño se encuentre a la mitad del rango especificado. Cambiaremos a un tamaño más grande cuando el pañal le quede apretado.
- Los pañales baratos parecen ser atractivos, pero es mejor economizar en ropa e invertir en pañales de buena calidad para evitar la irritación. Frecuentemente los pañales de bajo costo tienen un aspecto plástico bastante desagradable (sobre todo cuando el bebé mueve sus pompitas y produce un sonido semejante al de las bolsas para basura).

¿Dónde lo cambio?

Existen varias soluciones, pero todo depende del espacio que tengas disponible y tu nivel de exigencia sobre la comodidad:

- Mueble para cambiar pañales (una cómoda que incluye contenedores de almacenamiento).
- Placa deslizable, instalada sobre una cómoda (viene equipada con un colchón para la comodidad del bebé).
- Tapete para el cambio de pañal, es portátil y puedes colocarlo donde quieras (en una cama, en el suelo, etc.).

Normas de seguridad

Sea cual sea la opción elegida, deben tomarse algunas precauciones:

- Si la mesa para cambios de pañal tiene ruedas: coloca el freno antes de recostar a tu bebé.

- Siempre intenta poner el tapete o la tabla de cambio frente a una pared, o bien, en la esquina de una superficie plana: nunca está de más insistir en que los bebés pueden ser tan resbaladizos como el jabón, por ello es importante limitar el riesgo de caídas. Recuerda que la elección del terreno para cambiar el pañal suele ser la solución más segura.

- Ya que estamos hablando de seguridad, no olvides que nunca debe dejarse solo a un bebé en la mesa para cambiar pañales, ¡ni siquiera medio segundo! Así que siempre lleva contigo la tabla o el tapete portátil, ya que te será muy difícil conseguir uno de improviso.

- Ya verás qué rápido te conviertes en una malabarista profesional. Descubrirás la importancia insospechada de tu codo (por ejemplo, para detener el biberón o presionar un interruptor...).

- Prepara todo lo necesario para efectuar el cambio: debes tener a la mano los pañales limpios, el talco y otros productos que te sean de utilidad.

El buen consejo de una amiga

Tarde o temprano será inevitable tener que cambiar al bebé fuera de casa (ya lo verás cuando te des cuenta de que te persigue un enjambre de moscas por la calle). Sé precavida: siempre lleva en tu pañalera todo lo necesario cuando lleves al bebé a dar un paseo; prepara también un botiquín de urgencia y no olvides llevarlo en la carriola. Coloca en él uno o dos pañales (comprueba que correspondan con la talla de tu niño), un paquete de toallitas y una pequeña bolsa de plástico que será muy útil para deshacerse de los residuos radiactivos sin tener que llevar "el paquete" con el brazo levantado a un bote de basura.

Debes saber que

- Algunos bebés (particularmente los niños) son especialistas en riego automático: que no te sorprenda ser empapada por el surtidor multifuncional de tu hijo o la fuente brotante de tu hija.

- También hay bebitos que son bastante renuentes a la espera del cambio de pañal y no soportan estar con el mismo paquete antes de soltar la bomba.

• Otros esperan la hora del baño para hacer sus necesidades... (sí, como padres, tienen que estar psicológicamente preparados para vivir esta escena de horror).

La higiene personal

El aseo de los genitales requiere especial atención.

Niñas: Deben asearse meticulosamente hasta en los espacios más íntimos. Suele usarse una compresa o un trozo de algodón húmedo sin jabón. Después se procede a limpiar de adelante hacia atrás para no acarrear la suciedad del ano a la vulva.

Niños: la gran pregunta es: ¿debo retirar el prepucio para lavarlo? Quizá atenta contra lo que recomienda la abuelita, pero hoy día se recomienda no retraer el prepucio del bebé antes de los cuatro meses. A partir de esta edad empezaremos a jalar suavemente la piel del bebé durante el baño para limpiar la punta del glande. A la menor señal de dolor habrá que detener la operación. Repetiremos hasta que el chorro de la orina sea normal, no hay prisa. Cuando crezca, manipulará su pene y podrá desplazar el prepucio con facilidad (cualquier detalle o pregunta al respecto, no dudes en consultar a tu médico).

> NOTA: Algunas madres se sienten incómodas al practicar el aseo genital del niño, por lo que invitaremos a papá para que haga uso de sus habilidades en esta tarea.

ESCENA 2
EL BAÑO

Debe ser un acontecimiento relajante aunque, con el bebé, no siempre sea el caso. Además de la higiene, el baño proporciona bienestar para el niño; entrar en contacto con el agua tibia que durante tantos meses lo arrulló en el vientre de su mamá (del mismo modo que lo hizo contigo hace algunos años). He ahí el porqué se aconseja bañar al bebito todos los días, sin embargo, si te sientes muy cansada, presionada o lo que deseas es disfrutar de un momento de esparcimiento con tu hijo, el baño puede esperar al día siguiente. Si las zonas de riesgo (bajo los pañales) están limpias, el resto puede esperar un día (aun si la abuela pega el grito en el cielo).

Al principio los problemas técnicos son evidentes (así como las preguntas existenciales) y, desde luego, es posible que te incomoden.

La temperatura

La temperatura ideal para el cuarto de baño es de 22 °C. Aunque éste sea el ambiente óptimo para un bebé desnudo, seguramente a ti te resultará caluroso. Consigue una playera en la que te sientas cómoda (pues con la tensión nerviosa de los primeros baños vas a sudar agua y sangre).

El agua para el baño. Antes de llenar la tina debes colocar un termómetro. Tu mano, el codo o cualquier otra parte de tu cuerpo no es lo suficientemente confiable para determinar la temperatura del agua. Debes saber que los bebés recuerdan muy bien las malas experiencias (por ejemplo, si el agua del baño estaba demasiado caliente o muy fría) una temperatura inadecuada puede marcar al pequeño por un largo tiempo.

Si es necesario agregar agua, comienza con la fría, luego añade la caliente y, de ser necesario, vuelve a agregar más de la primera.

¿En qué momento y por cuánto tiempo hay que bañarlo?

• Nos hallamos ante una situación muy parecida a la del cambio de pañal. Siempre está la posibilidad de tener un debate familiar en torno a la hora propicia para bañar al bebé y nuevamente el método de las abuelas se enfrentará al tuyo. En general, un bebé debe bañarse en el periodo que media entre una comida y otra, no cuando tiene hambre. De esta manera vas a evitar las escenas de histeria desencadenadas por un estómago vacío. Esfuérzate por encontrar un horario regular para bañar a tu niño (esta es una constante para organizar la mayoría de sus actividades), así el bebé podrá encontrar un ritmo adecuado y dormir mejor durante noche.

- De 5 a 10 minutos de baño bastan (es necesario evitar la resequedad cutánea). Aunque tú pases largas horas exfoliando tu piel, te apliques mascarillas y hagas meditación; el baño de tu hijo debe ser como un relámpago: una rápida dosis de champú, una breve pasada del jabón por todos sus pliegues y estará rechinando de limpio. El arte de bañar a un niño es simple, todo consiste en tallar rápidamente sin ser brusco.

> NOTA: A los bebés les encanta sacudirse en el agua. Sí, tal como sucede con el ciclo para ropa delicada de tu lavadora: con un suave movimiento de vaivén.

- Cuanto más crezca más le gustará jugar durante el baño (¿no es increíble que sus juegos salpiquen todo, pero a ti no te hagan gracia?). En cuanto el bebé pueda sentarse pasará más tiempo chapoteando y se divertirá locamente llenando sin cesar cubetas de agua o sumergiendo sus juguetes de baño favoritos ¡cuida que no intente beber el agua con espuma!

Los productos para el baño

No importa la marca, si tienen función 2 en 1, 3 en 1 o el tipo de presentación. Los importante es que los productos sean:

- Especialmente diseñados para bebé: hipoalergénicos, muy suaves con su piel y que no irriten los ojos.
- Cómpralos en tamaño pequeño si se trata de un producto que no conoces. Si vas a cambiar al jabón líquido, no te dejes llevar por la promoción de 2 × 1 en botellas de un litro ¿qué tal que ese jabón no es conveniente para la delicada epidermis de tu bebé?

ESCENA 3
LOS CUIDADOS DE LA PIEL

No pasará mucho tiempo antes de que aparezcan los granitos, más tarde aún habrá cicatrices o surcos profundos... pero si crees que sólo durará una temporada porque la piel de los bebés es nueva, se regenera y no habrá necesidad de nada más. ¡Despierta! La piel de un niño requiere siempre cuidado y atención.

El rostro

Recuerda que no puedes lavar la cara del bebé con el agua del baño (cae en los ojos, en la nariz y en la boca) ¡produce angustia! De hecho, su piel es tan delicada que sería mejor tratarla con productos particularmente suaves.

Siempre puedes limpiar las mejillas, la frente, el mentón y las aletas de la nariz con un poco de algodón humedecido con loción. Para el interior de la nariz puedes emplear un pedazo de algodón húmedo con agua... pero no olvides que los bebés detestan que registren sus orificios. Reserva la loción de bebé y otros productos para las grandes ocasiones (como el resfriado). Para las orejas utiliza, de preferencia, hisopos de algodón para bebé (también éstos se pueden utilizar para limpiar la nariz). Recuerda lavar bien los pliegues del cuello, ya que éstos esconden, como si fueran tesoros, las células muertas y los residuos de leche materna.

Los ojos deben limpiarse con comprimidos estériles y suero fisiológico. El procedimiento es simple: de los bordes exteriores del ojo a los interiores, de esta manera evitarás que el pequeño se llene de impurezas.

Por otro lado, el rostro del bebito puede cubrirse súbitamente de granitos, presentar zonas rugosas u otras erupciones extrañas ¡la piel de un bebé es ultra sensible! Y suele resecarse con facilidad, por lo que necesita protección diaria. Úntale un poco de crema hidratante y, durante el verano, usa en abundancia cremas de protección solar.

Bebé asoleado: ¡alto al fuego! Pon a prueba tus conocimientos sobre la protección solar.

a) La piel del niño es inmadura y delgada... la capa hidrolipídica todavía es débil y frágil, por lo que puede sufrir deshidratación. Además, el mecanismo de producción de la melanina aún es limitado.

◯ Cierto   ◯ Falso

b) La "memoria solar" de un niño no comienza a formarse durante sus primeros años.

◯ Cierto   ◯ Falso

c) Los hábitos, buenos o malos, se aprenden en la infancia y condicionan el comportamiento durante toda la vida.

◯ Cierto   ◯ Falso

Respuestas:

a) Cierto. La piel del bebé es particularmente frágil y exige muchos cuidados.
b) Falso. La memoria solar de la piel está activa desde el comienzo de la infancia.
c) Cierto. Si los padres dan un buen ejemplo, el cuidado de la salud será más fácil.

¿Cómo hacerlo?

- Si tu bebé tiene menos de un año, no lo expongas al sol.
- Evitar la exposición solar entre las 11:00 y las 16:00 horas.
- Descarta las telas muy delgadas o transparentes porque permiten que los rayos del sol se filtren. Elige ropa sin mucho espacio entre los tejidos y procura que el niño siempre esté cubierto.
- Tu hijo también debe usar gorras o sombreros para proteger sus orejas, nuca y ojos (de ser necesario deberá usar lentes protectores).
- Si tiene más de un año puede utilizar crema solar. Ésta debe aplicarse 30 minutos antes de vestir al niño y estar clasificada como "bloqueador total". Para que el efecto sea eficaz, renueva la aplicación cada hora asegurándote de usar una cantidad generosa y uniforme.
- Nunca utilices aceite para protegerlo de la luz solar, ya que este producto aumenta los efectos de la radiación ultravioleta sobre la piel.
- Aun si el cielo está nublado, los rayos del sol pueden ser muy fuertes, por lo que la aplicación del protector solar será indispensable.
- Haz que tu hijo ingiera líquidos con frecuencia, de esta manera evitarás la deshidratación.

El cuerpo

La piel del bebé produce muy poco sudor y no se humecta por sí sola, para evitar la resequedad, la cual podría dar paso a un grave eczema, si en tu familia son propensos a ello.

La primera precaución consiste en secar adecuadamente al bebé después del baño (no olvides los pliegues de los muslos, brazos, cuello y también entre los dedos), y después úntalo, con crema hidratante (especialmente formulada para su piel). No olvides hacerlo feliz con un pequeño masaje.

El masaje

Una atención necesaria

- Si el bebé está relajado (sin presiones ni estrés), estará tranquilo y no dará problemas.
- Para darle un masaje debes tocarlo con movimientos suaves y lentos.
- Usa una crema hidratante con suficiente grasa, de esta manera será fácil deslizarte sobre su piel. El aceite de almendras dulces es muy recomendable, pero, en algunos casos, puede causar alergias.

Lo que hay que evitar

- Masajear vigorosamente.
- Utilizar tus aceites de esencias tonificantes (se filtran a través de la piel y ponen en riesgo la salud del bebé).

Dermatitis atópica

He aquí el nombre que se le da al eczema. Dependiendo de la edad, las erupciones cutáneas se caracterizan por una gran resequedad en la piel, enrojecimiento y picazón. Es común que aparezcan en la cara, el pecho o los pliegues de las extremidades (codos y la parte posterior de las rodillas). A veces la piel puede presentar secreciones o formar costras.

A menudo se detectan alergias hereditarias como rinitis, asma o eczema.

En ocasiones la dermatitis atópica puede desaparecer gradualmente, pero también es posible que persista y se propague.

Por lo regular la piel seca fomenta los brotes de eczema; si ésta se encuentra hidratada, tiene más posibilidades de combatirlos. Por tanto, los baños deben ser cortos y estar acompañados del uso sistemático de las cremas hidratantes.

Los brotes de eczema se suelen tratar con cremas a base de cortisona. El médico te explicará cómo aplicarla (inicialmente será dos veces al día, después sólo una vez). Sé cuidadosa y sigue escrupulosamente el tratamiento para evitar cualquier reaparición.

Aunque suele ser angustiante para las mamás, la dermatitis atópica es un inconveniente que puede ser controlado y tratado.

ESCENA 4
LOS CUIDADOS DEL OMBLIGO

Se trata de un asunto que puede ser bastante impresionante; pero seamos sinceras, por lo regular sentimos nostalgia cada vez que miramos ese pequeño trozo de carne seca.

La limpieza del ombligo

La curación tarda aproximadamente entre 12 y 15 días (pero debes mantener un cuidado continuo algunos días después de la caída de la costra). Hasta entonces el bebé debe bañarse todos los días y, en cada ocasión, será necesario:

- Secar el ombligo con una gasa estéril.
- Limpiarlo con una gasa humedecida con un desinfectante especial (que será prescrito por tu médico).
- Dejar secar y luego aplicar la solución de eosina acuosa al 2 %. De preferencia en ampolletas individuales (duran todo un día). Evita tocar la eosina con tus dedos, procura emplear un hisopo o bien, pon algunas gotas sobre la herida y distribuye con algodón (¡es fácil reconocer a las jóvenes madres por las manchas rojas en sus manos!).
- A continuación tendrás que proteger la herida con una gasa esterilizada y cinta para curaciones. Algunos métodos más "modernos" sugieren que dejemos respirar la herida para que seque más rápido, esto se logra poniendo al descubierto la parte superior de la gasa (así se evita que la tela se adhiera a la herida, porque, cuando sucede, es realmente difícil de retirar).

La caída del ombligo

Cuando el ombligo está seco y se cae, deja una pequeña herida que puede supurar por algunos días (lo cual no impide el baño). Es conveniente consultar al médico si la supuración continúa durante algunos días o si la herida se hincha y se muestra purulenta.

Cuando el ombligo no se cae, el pediatra lo quema con nitrato de plata (pero no te preocupes, no es doloroso).

ESCENA 5
CABELLO Y UÑAS

El escaso cabello del bebé contradice a su melena futura; suele ser muy suave al principio, pero cuando crece puede picarle los ojos o provocarle cosquillas en las orejas o cuello.

Si bien no hay ninguna esperanza de cambiar el color, la textura o el espesor del cabello; siempre puede ser útil hacer un pequeño corte para eliminar el molesto "frizz".

El cabello

Los primeros meses sólo habrá que cortar las puntas utilizando tijeras normales. Si te sientes con la valentía y talento, adelante... pero si cortas de más ¡será bajo tu propio riesgo!

- Para minimizar los daños corta sobre el cabello seco.
- Siempre que sea posible trata de seguir la caída natural del cabello.
- Si un mechón queda disparejo, con calma y suavidad intenta emparejarlo mientras sostienes en una misma dirección la cabeza de tu bebé.

Recuerda que hay peluqueros especializados en el cuidado del cabello de los bebés de dos meses.

El estilo de cabello que caracteriza a los recién nacidos (en la parte posterior del cráneo) es producto del continuo frotamiento contra las sábanas, la carriola y la tabla para el cambio de pañal. Aunque suele ser un feo peinado, con el tiempo se desvanece. Pronto el bebito podrá sentarse y dormir en otra postura, aprovechando la extensión de su cama.

Uñas

A veces los bebés nacen con uñas muy largas y tan frágiles que suelen romperse por sí solas.

Más vale no cortarlas durante el primer mes. Sin embargo, después de esta fecha será necesario que te armes de valor para llevar a cabo la "operación cortaúñas". Tu misión será evitar que el bebé se rasguñe con sus propias garras.

REGLAS DE ORO PARA OBTENER UN DIPLOMA EN MANICURA

1. Cumplir con todos los requisitos para que el bebé esté relajado (corta sus uñas después del biberón o durante la siesta).
2. Es preferible utilizar un cortaúñas especial para bebés.
3. Las uñas deben quedar cortas, pero no al ras de los dedos y sin entrar a profundidad por los ángulos.
   Si has pasado el examen con mención honorífica continúa con el segundo módulo del curso: pedicura (misma operación, pero sobre otra superficie).

Reprobaste el curso de manicura si:

- Una uña se inflamó. Date prisa y aplica un antiséptico para bebés en la zona afectada. Si la inflamación aumenta y la herida se enrojece aún más, consulta a tu médico.
- ¡Le cortaste un dedo! Aplica una compresa estéril hasta que el sangrado se detenga; desinfecta y deja que la herida seque.

ESCENA 6
LA ROPA ¿BASTA CON UN SUÉTER?

La mamá "perfecta" siempre sabe cómo debe cubrir a su hijo para que no tenga ni mucho calor, ni mucho frío. Ella es tan prudente que parece que su pequeño lo es también. De hecho, la apreciación de tu propia temperatura corporal puede ser un buen indicador: si sudas a chorros y el sol es tan pesado que parece de plomo, sería normal que vistieras al bebé con ropa ligera. Sin embargo, si en casa el frío te hace temblar, puedes estar cansada, con sueño o tener síndrome pre-menstrual... pero el bebé quizá no tenga frío, es tan inquieto que su actividad lo mantiene caliente y en consecuencia no debe estar tan abrigado como tú.

Desde luego, un bebé recién nacido es mucho más sensible al frío que un bebé de algunos meses. Por ello el recién nacido tiene que estar vigilado y bien cubierto. En verano, si hay una ola de calor, puede estar casi desnudo (¡sin exponerse al sol!) y durante esta época debe beber muchos líquidos para luchar contra la deshidratación.

Por último, hay que recordar que las manos no son buenas indicadoras de la temperatura corporal, es mejor tocar el antebrazo, el cuello o la parte superior de la espalda.

¡Capas de cebolla!

En invierno hay que adaptarse a los cambios de temperatura. Si tú y tu bebé van a salir de su acogedora casa (a 22 °C) y al abrir la puerta un aire frío (de 10 °C) los sorprende ...¡hay un problema! La lucha contra el viento se libró durante el paseo en carriola, pero al entrar a la panadería un horno calienta el lugar (a 25 °C). Terminadas las compras y con el pan en las bolsas hay que volver a la carriola (y dar un paseo a 12 °C) aunque la corriente de viento sea más fuerte que antes. Tomas el autobús y llegas al centro comercial (que está a 20 °C) donde se enfrentarán a un nuevo cambio.

Seguramente sólo basta con imaginar los bruscos cambios de frío a calor para pensar en la cantidad de pañuelos desechables que usarás.

¿Qué hago para proteger a mi bebé?

¡Habrá que adoptar la técnica: capas de cebolla! Más vale cubrir al bebé con múltiples prendas para el frío e ir quitándolas o poniéndolas conforme sea necesario. Este recurso es mejor que llevar sólo un abrigo enorme.

He aquí un ejemplo de la organización de las "capas de ropa":

- Un mameluco de algodón.
- Una playera de manga larga.
- Un chaleco abrigador.
- Una chamarra.

*En tus ratos libres puedes guardar
el exceso de ropa en la carriola o pañalera*

No olvides las partes del cuerpo que la ropa convencional no cubre: un sombrero y unos guantes son esenciales, aunque ¡serás la única en estar convencida de su utilidad! El bebé, por otro lado, sólo pensará en una cosa: quitarse la ropa. Para impedirlo compra guantes que no tengan separación entre los dedos y puedan amarrarse a las muñecas. Los gorros con sujetador por debajo de la barbilla también son útiles.

Buua, buua, buuua...
¡el ritmo del año!

EXPOSICIÓN DE LA ESCENA

Estás en un avión y queda todavía una hora de vuelo. Piensas que no es demasiado, excepto por el hecho de que necesitas tener mucha imaginación para impedir que el bebé de ocho meses siga llorando porque quiere jalar la barba del encanto de señor que está sentado a tu lado.

¿Qué puedes hacer?

TÚ EN TU PAPEL DE MAMÁ

Mamá I. Voy bien, todo marcha bien.

¿Y cómo iba a ir de otra forma? Después de un tiempo en el papel de mamá, a menor velocidad y altura es normal que el aire del avión se estabilice en la cabina despresurizada. La idea es obtener la serenidad necesaria para soportar la mirada asesina de los otros viajeros que aún no se acostumbran... ¡a los gritos de tu bebé! Con una sonrisa en la cara les dices: "...pero si sólo es un bebé, hay que tomarlo con calma."

> ¡Felicitaciones! Es sensacional que estés tranquila y relajada; es posible que tu bebé también esté en calma y su viaje sea placentero, pero los gritos de un niño para la mayoría de las personas son difíciles de aguantar y si van en un avión son todavía más estresantes.

Mamá 2. Duérmete niño, duérmete ya...

Te molesta imponer esta tortura auditiva a tus vecinos de vuelo, es una cabina pequeña y el bebé no deja de llorar... lo meces en tus brazos, caminas cantando por el pasillo, le muestras el paisaje por la ventana... das lo mejor de ti para entretenerlo y calmarlo. Sin embargo, de vez en cuando lanzas una mirada discreta con la esperanza de que el aterrizaje llegue pronto.

¡Buen intento! Haces todo lo que está en tus manos para calmar la situación, lo cual está muy bien. Aunque el episodio no podía durar para siempre hiciste lo tuyo... así que ¡ánimo! Todo el mundo ha pasado por ahí e incluso entre las personas con una mirada oscura, hay algunas mamás que te comprenden.

Mamá 3. ¿Ya llegamos?

No te encuentras muy bien y no quieres tomar un vuelo sola con un bebé gritón en los brazos. Sientes que la presión aumenta al mismo tiempo que se intensifican sus gritos.

Ve el lado positivo de la situación: mientras cuidas a tu bebé ni siquiera tienes tiempo de imaginar los desastrosos escenarios que se podrían desarrollar... ya es algo ¿no?

ESCENA 1
LLANTOS Y CRISIS NERVIOSAS

¡Hay que admitirlo! Un bebé no es sólo una personita a la que se puede mimar o abrazar por el cuello y cuyas sonrisas ablandan hasta los corazones más duros. Un bebé es también una fábrica de popó, un tornado devastador de la casa, un consumidor sin fin de productos para lavandería, un glotón al que sólo le gustan galletas en forma de conejo ("no ma-ma, no guta, quero nejo... "), un bodoque andante que sólo sabe dormir bien en tu cama… pero sobre todo es una sirena cuyos "cantos" podrían perturbar hasta a un maestro de yoga experimentado. El pequeño es una "lombriz" roja y sudorosa, difícil de controlar y sus aullidos estridentes hacen explotar los tímpanos.

Todos los manuales de puericultura hablan del llanto de los bebés, como si esos sonidos acompañaran naturalmente su vida y éste no fuera capaz de olvidarlos. Sin embargo, rara vez se menciona el hecho de que cuando el niño llora la madre se derrumba.

En todas partes se lee que "poco a poco, la mamá aprende las diferentes señales que emite su hijo", pero gracias a la experiencia sabemos que no hay mucha diferencia entre un lobo aullando de hambre y el gemido de un bebé con fiebre. Nadie nos dice que todo grito termina por confundirse.

Obviamente una mamá siempre es lo suficientemente inteligente, comprensiva y amorosa para saber que el bebé no tiene otros medios para expresarse. No llora para molestar a su madre, sólo para pedir su ayuda; ella es la única persona que le puede dar alivio.

Pero, desde luego, ya sabíamos todo esto.

A veces puede ocurrir que, por una fracción de segundo, te den ganas de gritar: "¡a qué hora te vas a callar pequeño gnomo!" (Y enseguida vas a querer descansar, por lo menos, una cuarta parte del día.)

Dependiendo de la edad del niño, el llanto se percibe de manera diferente y pueden distinguirse varias etapas de aceptación de las lágrimas por parte de los padres:

- En los recién nacidos los papás no entienden las lágrimas, en consecuencia se sienten impotentes para reaccionar adecuadamente y pasan la noche en vela buscando una solución, mientras se preguntan si son buenos padres. Se trata de un caso de culpabilidad nivel 5 en la escala del "buen-padre" (cuyo nivel máximo es 5).
- Después de algunas semanas y meses: los padres ya tienen una idea de por qué llora el bebé y, por lo regular, encuentran una solución sin darle demasiadas vueltas al asunto (la falta de sueño y tantos cambios de pañal los han hecho superar ese estado).
- Después de varios meses, el niño ha aprendido cómo hacer reaccionar a sus papás y comienza a hacer uso de su fuerza de persuasión. Pero los padres ya están protegidos contra los chantajes y saben rehusarse a los juegos del pequeño tirano.

Los mejores "dramas" del bebé llorón

- En un hotel, durante la madrugada.
- En la larga fila del supermercado, justo antes de pagar.

- En el avión (especialmente durante los vuelos largos).
- Cuando mamá está hablando por teléfono y debe atender información importante para un compromiso.
- En el coche, mientras mamá busca la ubicación del lugar en el que será la entrevista de trabajo.
- Durante una ceremonia, a la que mamá y papá se vieron obligados a llevarlo.

Pero para comprender qué sucede, hay que contar la historia desde el principio.

ESCENA 2
EL LLANTO DEL LACTANTE

El niño de pecho no es forzosamente el que llora más, pero, ciertamente, es el más difícil de comprender. Hay que partir del principio de que sus quejidos tienen una causa… y tú, como la detective, debes averiguar cuál es. No te preocupes, pronto te convertirás en una Sherlock Holmes de las necesidades del bebé: está demostrado que una mamá reconoce entre tres y seis tipos de llanto tan sólo 10 días después del nacimiento de su hijo.

Lo que molesta a tu bebé	Pistas
Hambre/sed	Gritos muy violentos que no se detienen ni siquiera cuando tomas al bebé entre tus brazos. A menudo, el niño se come su puño. Lo único que le importa es ¡comer! (Ciertos niños se calman al ver a mamá mientras les prepara la mamila.)
Pañal mojado	Son gritos bastante punzantes, aunque muy poco violentos.
Frío/calor	Gritos quejumbrosos con un poco de desesperación.
Cansancio	Lloriqueos, sollozos, incomodidad. El bebé trata de acurrucarse para consolarse o dormir.

Enfermedad	Gritos agudos, estridentes y angustiados. No deja de gritar cuando lo cargas en tus brazos. Los primeros tres meses el malestar más frecuente son los "cólicos del lactante", producidos a causa de la inmadurez de su sistema digestivo.
Llanto para desahogarse	Son gritos que le permiten deshacerse del estrés del día. Suelen estar acompañados de agitación.
Malestares variados: Desnudez/humedad/ ruido/que lo acaricien extraños	Se trata de llantos quejumbrosos o gritos relativamente violentos, según el grado de molestia.

Consejos de una amiga

¿Qué responder a la tía Sofía cuando te dice?:

"Déjalo llorar, eso le da carácter y fuerza en la voz." No importa quién lo diga, no estoy de acuerdo con sus métodos y teorías.

"Déjalo llorar, eso le desarrollará los pulmones." ¿Para qué? De todos modos no va a romper el récord Guiness del hombre que más aguanta la respiración en el mundo.

"Déjalo llorar, vas a hacer de él un niño malcriado." Ni siquiera vale la pena contestar.

A quién escucho... ¿al corazón o a la razón?

¿Debo cargar a mi bebé enseguida? Cómo elegir entre el instinto maternal que te impulsa a consolar a tu bebé y lo que dictan las dos o tres neuronas que aún quedan en un cerebro materno: "No, no, tienes que esperar un poco más."

En respuesta a las demandas de tu bebé, hay que comprender que tú estás ahí para consolarlo y ayudarlo. Firme y contra el viento de los discursos que afirman: que contestar demasiado rápido al llanto de tu niño es construirle un futuro caprichoso en el que no será autosuficiente. Si el bebé sabe que hay alguien en quién puede confiar...

¡no lo dudes! Estará tranquilo y tendrá confianza en sí mismo. Investigaciones demuestran que aquellos bebés a los que se les satisfacen sus necesidades aprenden a experimentar sanamente los periodos de espera (¡sin llorar!).

Por tanto, el pequeño mostrará un progreso real cuando haya aprendido a consolarse a solas y sea notable su esfuerzo por calmarse (un biberón, un juguete o chuparse el dedo pueden traerle este alivio provisionalmente).

Una presencia discreta y compasiva: he ahí la actitud de una mamá perfecta ¿no es así?

YA NO HAY PENDIENTES

Llora, por lo general, después del medio día, cuando tú misma te sientes presionada para bañarlo y preparar la comida.

Has cumplido los horarios establecidos y has intentado solucionar los inconvenientes, para eso te has cerciorado de que el bebé esté limpio; se haya tomado su mamila; no tenga demasiado calor y su entorno esté en calma.

Lo meces en tus brazos, lo paseas y lo mimas. Ya nada falta por hacer, pero el bebé sigue llorando y te preguntas... ¿qué hago?

Este tipo de crisis es un clásico, se trata del "llanto de la tarde". El bebé necesita expulsar todo el estrés del día, todas las tensiones que ha experimentado: excitación, cansancio, alegría, etc. ¿Acaso nunca te han dado ganas de descargar las emociones que te desbordan?

En este tipo de situación la angustia del niño es contagiosa: mamá también se impacienta y se siente frustrada por la tensión del día.

No te inquietes y deja que el bebé recupere la calma en su cuarto, visítalo de vez en cuando para saber que todo está bien. Si no llega a calmarse llévalo de paseo por toda la casa con la condición de que tú y él se tranquilicen...

Estas crisis son pasajeras e inevitables, hay que intentar sobrellevarlas lo mejor posible sin culparse o sentirse mal.

Para tener una mejor comprensión del problema revisa el capítulo sobre los cólicos.

ESCENA 3
EL LLANTO DEL BEBÉ

Cuando el bebé sea un poco más grande habrá nuevos tipos de llanto. Es la rigurosa ley del crecimiento: entre más se desarrolla, más se perfeccionan sus angustias. Pasados los problemas primarios (hambre, sed, sueño, cambio de pañal) entra en el maravilloso mundo de la atención: quiero que me mires, necesito tu cariño, me siento nervioso, etcétera.

¡No puedo apilar los cubos!

Desde muy pequeños los niños aprenden que: "En la vida no siempre se hace lo que uno quiere" Si el bebé no consigue hacer lo que desea porque sus capacidades físicas o su coordinación se lo impiden, es posible que haga una rabieta... ¡y pensar que todo era mucho más fácil en el vientre de mamá!

Solución: ayúdale a entender sus límites sin imponérselos. Hay que motivarlo y decirle: "¡Lo conseguiste! Lo que haces es formidable." "Bravo, mi amor, ¡conseguiste atrapar al señor conejo!"

Me aburro mucho

En cuanto sea capaz de mantenerse despierto por un largo rato, el bebé estará ansioso de descubrimientos. No lo dejes en su cama, pero aprovecha que estará mirando hacia todas partes con los ojos bien abiertos, poniendo atención a todo lo que sucede a su alrededor. El niño adora ver a mamá en sus actividades cotidianas: lavar los platos, preparar la comida, limpiar la casa, etc. (no delataré a nadie, pero conozco mamás que durante meses han tenido que preparar la cena mientras juegan con los muñecos de sus hijos o cantan todo el repertorio de Mary Poppins).

No olvides darle al bebé un montón de objetos divertidos: sonajas, peluches, cucharas de palo...

JUGUETES BARATOS Y MUY DIVERTIDOS

- Una pequeña botella de plástico con semillas o frijoles secos. (¡Atención! La tapa de la botella debe estar bien sellada.)
- El tubo de cartón de los rollos de papel higiénico o toallas absorbentes.
- Una caja bien cerrada de algodones.
- Pulseras de plástico.
- Toda clase de cajas que se abran y cierren.
- Las cajas de cereal o de productos para bebé suelen tener bonitos diseños que captan la atención de los niños.

¡Me impides tocar lo que quiero! ¡Ya verás el escándalo que haré!

La frustración es, sin duda, uno de los sentimientos más dolorosos que los niños deben experimentar; pero por su propia seguridad y educación, los padres deben fijar límites y establecer qué cosas se pueden tocar y cuáles no. Por lo general, un niño no podrá tocar: lámparas, enchufes, bisagras de las puertas, objetos de cristal, etc. El bebé debe aprender a vivir con el sentimiento de frustración y tú a limitar sus alcances alejando de él las tentaciones a su alrededor.

¡Mamá, mamá, no me dejes!

No pasará mucho tiempo antes de que el bebé experimente la pena de verte partir. Es comprensible que luego de ocho meses de estar junto a ti sienta lo que llaman "la angustia de la separación", es decir, el miedo que produce la idea de que no te volverá a ver si te marchas y lo dejas solo. Ciertamente, esta "crisis" toma proporciones diferentes de acuerdo con cada niño. Algunos lloran cuando su mamá los deja en su cuarto para ir por algo que olvidó en el de al lado, mientras que otros se percatan de la ausencia hasta después de dos días. En uno u otro caso no hay que inquietarse... todo esto es pasajero.

Y más tarde... los llantos
del niño pequeño

A partir del primer año, tu hijo empezará a jugar con tus sentimientos y calculará los efectos de su llanto. Pero además, a esta edad, también se harán presentes las angustias y otros miedos, por ejemplo: el temor a la oscuridad, a los monstruos, a las personas que no conoce, etc. Estos temores darán lugar a nuevas sesiones de llanto.

ESCENA 4
¿SEGUIR O NO SEGUIR?
EL DILEMA DEL BIBERÓN

Algunos encuentran su pulgar desde la cuna... y siempre tienen a mano lo necesario para sentirse reconfortados. Para otros el biberón será la solución maravillosa para calmar sus llantos y dispersar sus angustias. Antes del nacimiento de tu bebé te oponías totalmente... ¡pero ahora las cosas son muy diferentes!

Lista de apodos para el bebé:

* Nene.
* Bebo.
* Peque.
* Corazoncito.
* Completa la lista.

¿Por qué la necesidad de succionar?

Desde su vida uterina el feto chupa sus dedos. Ya nacido, además del obvio reflejo para alimentarse, el niño continúa succionando por placer. La boca es una de las zonas erógenas primarias que representa una fuente de placer y de bienestar. Además, alimentarlo no basta para satisfacerlo...

Si cedes, tú serás la responsable

Será difícil para tus nervios, ya de por sí estropeados por la falta prolongada de sueño, soportar los largos periodos de llanto y sentirte impotente para controlarlos. Renunciarás a tus hermosos principios (¡mi niño no será otra víctima del plástico y el biberón!) y terminarás por dar uno de estos accesorios a tu bebito. Vaya milagro, la calma regresa instantáneamente. Pero no te tortures, sabemos que no cederás con facilidad. No has hecho más que saciar una pequeña necesidad de tu bebé, no hay nada de malo en reconfortarlo y, por tanto, no habrá nada que censurar en esta etapa.

¿Cómo elegir el chupón?

Lo primero es elegir un chupón de alta calidad para evitar cualquier riesgo o anomalía que podría ser peligrosa: por ejemplo que una parte se desprenda y el bebé la trague.

Compra un chupón con forma ergonómica que sea muy flexible para no estropear el paladar; también revisa que éste no irrite su boca.

El caucho tiene un sabor que puede resultar desagradable para el niño, además, a lo largo de las esterilizaciones, se ablanda y deja de ser útil. Los chupones de silicona, por el contrario, no tienen ningún sabor, pero pueden romperse, por lo que habrá que cambiarlos al más mínimo signo de desgaste.

¿Se trata de una trampa para los papás?

Al principio te sentirás aliviado... notarás que tu bebé se calma y no tarda en encontrar el sueño. Más tarde, sentirás que tal vez ya no pueda volver a dormir si su mamila se le escapa a la mitad de la noche. Es por ello que las mamilas que pueden asegurarse a la pijama del bebé suelen ser muy útiles: ahora el bebé sólo debe aprender a encontrar su biberón. Sin embargo, también existe el riesgo de que el niño mantenga la mamila siempre en la boca para no tener que hacer el esfuerzo de recogerla.

En este caso, los padres deben saber fijar los límites, de manera que, durante la adquisición de la palabra (etapa simultánea a la independencia del bebé y el uso de los objetos que lo tranquilizan), le expliquen al pequeño que no se puede hablar, ni dormir con algo en la boca.

¿Cómo quitarle el biberón al bebé?

Aunque la dependencia no sea fuerte, la separación será difícil. Lo importante es proceder por etapas: no hay que quitarle el biberón que usa para dormir, sería más conveniente retirarlo mientras le cuentas un cuento. Recuerda felicitarlo por cada avance que consiga: "Has crecido, veo que ya no necesitas la mamila."

Pero ¡atención!, se trata de elegir un buen momento para el "destete" del niño: jamás debe realizarse durante una mudanza, el nacimiento de un hermanito o ante un problema familiar que lo afecte indirectamente.

La pelea del año: el pulgar vs. el biberón

El biberón:

- Puede esterilizarse.
- Se desecha en cuanto el niño lo decida.
- Las mamilas modernas están diseñadas para no deformar el paladar.
- Puede extraviarse (¡cuidado con el drama! Si sales de viaje no podrás volver cientos de kilómetros para buscarlo, ni visitar las farmacias del lugar para encontrar uno de emergencia).

El pulgar:

- Es gratuito.
- No puede extraviarse.
- No puede esterilizarse.
- Siempre está disponible.

¿Qué es esto... un granito?

EXPOSICIÓN DE LA ESCENA

"¡Achú, achú, achú!" "... Y bien, dime querido, tienes frío ¿verdad?" Nariz con mocos, ojos llorosos y con sueño... ay... al parecer tu pequeño tiene todos los síntomas.

¿Qué vamos a hacer?

TÚ EN TU PAPEL DE MAMÁ

Mamá I. ¡Suénate la nariz!

¡Vamos! ¡Nadie debe inquietarse por un simple resfriado! No hace falta decir que en el jardín de niños todos sus compañeros tienen la nariz así en los últimos días. Seguramente intercambian paletas… así que no hay nada de qué asombrarse. Ya que no es nada grave y no hay mucho qué hacer, el niño irá a la guardería como de costumbre.

Un resfriado se contagia rápidamente, sobre todo cuando los niños interactúan en grupos. Esto, desde luego, no representa ningún problema. Sin embargo, procura mantener bien limpia su nariz para evitar que la infección se desarrolle y afecte sus bronquios.

Mamá 2. Un poco de leche caliente y a dormir.

Hoy vas a mantener caliente a tu pequeño, no irá a la guardería y limpiarás su nariz regularmente, esperando que el incidente pronto concluya. Sabes que bajo estas circunstancias el bebé se pone un poco gruñón, por lo que tienes una buena excusa para mimarlo y complacerlo.

Contra el resfriado no hay gran cosa que hacer excepto haberlo prevenido. Tienes razón al no inquietarte demasiado pues, aunque molesta, la gripe no es una enfermedad de alto riesgo.

Mamá 3. ¡Ojalá que no sea una bronquitis!

¡Lo arropas tanto que acabará por arder en fiebre! Es cierto que detestas que tu niño esté enfermo, te sientes culpable e incómoda contigo misma.

Por ello redoblas las atenciones y cuidados para el bebé: "deja de correr o vas a sudar demasiado", "no te canses jugando, necesitas guardar reposo", etcétera.

¡No tengas miedo! ¡No hagas de un pequeño malestar una enfermedad! Con algunas precauciones, la gripe que afecta a tu niño estará superada en dos días. Recuerda no arropar demasiado a tu hijo porque, como los niños de su edad, es muy activo, sudará y entrará en calor rápidamente.

ESCENA 1
MI AMIGO EL PEDIATRA

Mientras crece el amor hacia el bebé, crece también la inquietud sobre su salud. Este asunto comenzará a roer tu corazón y darte dolores de cabeza. Has dado a luz una pequeña máquina tan delicada y eficiente que lo último que deseas es que se descomponga. Por eso te convertirás en una vigía que siempre está al acecho: tendrás el oído muy agudo ("¿has estornudado más de tres veces seguidas?… ¿Cómo te sientes? Dile algo a mamá… ¿te sientes mal? ¿Dónde te duele?") y los ojos siempre muy atentos ("¿pero qué es eso? ¡Se parece a una pústula! Ay no, es tan sólo una migaja de pan…") ¡siempre alerta!

Es inevitable oponerse a los hechos: ¡el pediatra va a convertirse en tu mejor amigo!

Escoge a tu pediatra

Aunque tu niño tenga buena salud tendrás que consultar regularmente al pediatra: visitas obligatorias, vacunas, evolución del régimen alimenticio, etc. Por ello te corresponde hacer una buena elección. Antes de decidir toma en consideración algunos criterios:

- La proximidad del médico respecto de tu domicilio: los pediatras no se desplazan, así que si debes transportar a un bebé caliente como una plancha de vapor, más vale que el recorrido sea corto.
- La buena relación que se forma entre tú, tu pediatra y tu bebé: algunos médicos son tan simpáticos como un abogado a la mitad de un juicio... sobre todo cuando te miran con ojos asombrados porque te atreviste a hacer una pregunta que ellos consideran bastante ingenua. De ser así ¡cámbialo enseguida! Y si tienen un aire tan hastiado que no se sorprenderían ni ante la octava maravilla del mundo (tu hijo)... entonces tendrás que sustituirlo aún más rápido.
- Su capacidad para atenderte en situaciones de urgencia (esta amable atención da prueba de su flexibilidad e interés en nosotros).
- La amplitud y comodidad de la sala de espera: raras veces nos atenderá a la hora exacta de nuestra cita y no hay nada peor que los consultorios llenos de niños (llorones y enfermos), apretados como en una lata de sardinas.

Hay numerosos centros de salud que están a tu disposición. En ellos los cuidados son gratuitos: las enfermeras y los médicos se encuentran ahí para dar seguimiento a la salud de las madres embarazadas y de sus niños (vacunación, exámenes oculares y auditivos, cuidado y prevención del crecimiento, toma de peso, altura, etc.), así como para verificar su adecuado desarrollo social.

La visita al pediatra

Una visita al pediatra puede ser un momento estresante para el bebé (que siempre que ve la "bata blanca" la asocia a un "piquete de aguja") y para ti (que antes de dejarte llevar por tus emociones, debes recordar cómo calmar al bebé sobresaltado). Para que todo marche bien debes organizarte y preparar algunas cosas para la visita al consultorio del pediatra:

- La cartilla de salud.
- Dos cambios de pañales.
- Un biberón con agua.
- El osito de peluche u otro juguete divertido.
- Una lista de las preguntas que te hayan surgido desde la última consulta médica.

En caso de urgencia

Una mamá "perfecta" debe ser precavida. Por eso debes preparar una pequeña lista con los números de urgencias, esperamos que nunca la uses, pero tenla siempre cerca de tu teléfono.

A pesar de todas las precauciones y cuidados siempre habrá pequeñas preocupaciones de salud (enfermedades infantiles como resfriados, tos, irritaciones, etc.). Es aconsejable consultar a tu médico siempre que el bebé no se sienta bien, sobre todo si aún es pequeño, ya que es muy difícil determinar la gravedad de sus síntomas.

Números de urgencia de tu localidad

Urgencias.	Policía.
Pediatra.	Bomberos.
Médico de medicina general.	

ESCENA 2
ENFERMEDADES Y OTROS MALES

Las enfermedades más frecuentes en los bebés te harán pasar seguramente por distintas etapas de preocupación.

Rozaduras

¿Cómo se manifiestan?

La piel está roja. El niño presenta mucho dolor en la zona afectada, lo que le dificulta recibir los cuidados necesarios.

Causas:

- La irritación en la piel se debe al contacto con la orina y el excremento que, encerrados en el pañal, producen un efecto abrasivo sobre ella.
- Las rozaduras provocadas por la diarrea se deben a que los desechos del bebé son tan ácidos que queman la piel.
- Los hongos (cuya infección más común es la candidiasis). Suelen desarrollarse sobre la piel irritada.

¿Qué hacer?

EL CONSEJO DE UN ESPECIALISTA

- Después de cada evacuación y, si es posible, de cada cambio, debes hacer un lavado muy suave en la zona afectada, especialmente muslos y glúteos, para evitar que el pañal siga rozando y debilitando la piel. Utiliza agua tibia o un producto que no sea irritante.
- Enjuaga bien y seca con mucha delicadeza, dando pequeños golpecitos.
- Deja al descubierto la zona afectada el mayor tiempo posible, siempre y cuando la temperatura lo permita.
- Protege la piel, aplicando una cantidad abundante de vaselina o algún tipo de crema protectora, preferentemente hecha a base de óxido de zinc (sus propiedades aislantes y lubricantes permiten la circulación del aire y la pronta recuperación del tejido afectado). En caso de que se trate de una infección por hongos, la pomada para el tratamiento debe ser prescrita por tu pediatra.

Los cólicos

¿Cómo se manifiestan?

Se trata de un dolor abdominal que provoca una severa crisis de llantos. A menudo se presentan hacia el final de la tarde (aunque pueden aparecer en cualquier momento del día) sin razones aparentes. El cuadro clásico: después del biberón, el bebé duerme satisfecho, pero se despierta repentinamente, siempre llorando; su rostro se ruboriza, frunce las cejas y lleva las piernas contra el vientre como si estuviera evacuando.

Durante los cólicos el bebé grita violentamente por periodos prolongados que van de unos minutos hasta tres horas (incluso si cargamos al bebé y tratamos de consolarlo). Los dolores suelen detenerse bruscamente, y cuando el niño intenta dormir otra vez, los síntomas vuelven a manifestarse. Este fenómeno puede repetirse en varias ocasiones.

Frecuentemente, al momento de las contracciones y dolencias, el niño emite numerosos eructos y gases, también hace como si estuviera tomando biberón (lo cual puede conducirnos al error de suponer que tiene hambre). Si le ofreces pecho o biberón, lo más probable es que sólo tome un poco, después de esto se calmará un instante y todo comenzará de nuevo.

Los cólicos suelen ser constantes durante los tres primeros meses y, por lo regular, desaparecen de manera espontánea después de este periodo. Son tan frecuentes que los pediatras los consideran normales aunque, para los padres, resulten agotadores.

Causas:

- Leche mal asimilada por el niño.
- Una mala evacuación de los gases que entran al estómago durante la alimentación o el llanto (el aire pasa al intestino y provoca contracciones dolorosas).
- La angustia ocasionada por la llegada de la noche.
- La acumulación de las tensiones del día.
- Un ritmo de sueño desordenado.
- Dolores abdominales causados por pequeños reflujos y gases almacenados durante el día.

- La sensación de hambre.
- La inmadurez del tubo digestivo.

¿Qué hacer?

EL CONSEJO DE UN ESPECIALISTA

Ante todo debes probar los métodos que por lo regular tranquilizan al niño a lo largo del día:

- Cambiar su pañal.
- Cargarlo en brazos y mecerlo.
- Hacerlo eructar sobre tu hombro.
- Ponerle música.
- Pasearlo en su cochecito.
- Darle un dulcecito o chupón (quizá el bebé necesita algo para chupar).
- No utilizar ningún medicamento sin haber consultado a tu médico.
- Bañarlo (algunos bebés se relajan en el agua).
- Evitar alimentarlo siempre que empiece a llorar. Por lo general es un efecto transitorio que pone en riesgo la regularidad de los horarios. No se trata de llanto por hambre; el bebé no tiene necesidad de alimento, sino de chupar alguna cosa: el chupón o el biberón, en este caso, sólo sirven para tranquilizarlo. Si alimentaste al niño tres horas antes de que se presentaran los cólicos, es inútil hacerlo comer de nuevo, de hecho, eso podría aumentar sus desórdenes digestivos.
- No corras con el bebé al primer grito, deja que intente dormirse solo.
- Consulta a tu pediatra si no puedes soportar las crisis nocturnas del pequeño; él revisará su estado de salud y, de ser necesario, te prescribirá un calmante apropiado... a fin de cuentas un ligero sedante será necesario para ti o para tu bebé.

EL BUEN CONSEJO DE UNA AMIGA

- Cuida de ti misma. Intenta dormir a lo largo del día, en caso de que sea posible. De esta manera las noches serán menos difíciles.
- Trata de soportar los llantos y hacerlos soportables para tus visitas y para los vecinos.

- Relájate, invita a tus mejores amigas para que te hagan compañía durante el día; si fomentan una atmósfera calmada y agradable, quizá el bebé y tú también se encuentren más tranquilos.
- Habla con algunos padres que hayan tenido que lidiar con los molestos cólicos. Su experiencia podría ayudarte.

La fiebre

¿Cómo se manifiesta? El niño está caliente, su piel tiene un tono rojizo, transpira y cambia de comportamiento: llora impaciente o por el contrario está somnoliento y sin entusiasmo. Tiene sed y se rehúsa a comer.

La fiebre es un mecanismo de defensa del organismo; es útil para la curación. Sin embargo, cuando se eleva mucho puede ser peligrosa, sobre todo en los bebés pequeños, ya que provoca convulsiones. Debe ser combatida rápida y eficientemente cuando sobrepasa los 38 °C.

Causas:

- Una infección.
- Un ataque microbiano.

¿Qué hacer?

El consejo de un especialista

- Mide la temperatura con un aparato de precisión, por ejemplo el termómetro rectal electrónico. ¡Atención! El termómetro auricular también suele muy práctico y rápido, pero no es eficaz cuando hay inflamación en el oído (otitis).
- Toma la temperatura a intervalos regulares, incluso durante la noche.

Para orientarse: la temperatura de un niño debe oscilar entre los 36 °C por la mañana y los 37.5 °C durante la tarde. Algunos factores exteriores pueden influir en ella: como la actividad física, las comidas o el clima.

¿Cuándo la fiebre puede ser grave? Debes vigilar de cerca la evolución de la fiebre, especialmente cuando el bebé es pequeño. El lactante, sobre todo el primer mes, corre un riesgo severo de deshidratación, por lo que será mejor acudir al médico lo más pronto posible. En caso de tos, vómitos, diarreas, llantos inexplicados, negarse a ingerir líquidos o alimentarse, también hay que llevarlo urgentemente a consulta médica.

Entre más grande sea el niño, menor será la gravedad de la fiebre. Sin embargo, tendrás que acudir con el pediatra si: la fiebre no baja después de 24 horas, si no encuentras la causa de sus malestares o si otros síntomas se manifiestan.

En caso de fiebre... ¿qué hago para bajar la temperatura?

Descubre al niño (pero no lo desnudes), asegúrate de que la temperatura en la habitación sea fresca (19 °C). Cuida que se mantenga hidratado, dale de beber líquidos con regularidad (si se niega a tomar agua, olvida por un momento los principios dietéticos y ofrécele jugos de fruta o agua con azúcar).

Usa algún medicamento para bajar la fiebre, por ejemplo el paracetamol (siempre y cuando haya sido recetado previamente por el pediatra). Hoy día no es recomendable combinar medicamentos.

La dosis debe corresponder con el peso del niño (por lo regular los medicamentos se administran cada 4 o 6 horas, dependiendo de la dosis o de la prescripción del pediatra). Procura cumplir con los plazos establecidos, pues tan pronto como la medicina concluye su efecto, la fiebre puede aumentar bruscamente y estos cambios resultan muy peligrosos.

También existe el método de los "baños para refrescar": coloca al niño en una tina con agua, la temperatura debe ser menor, por 2 °C, a la de la fiebre registrada por el termómetro. El baño debe ser rápido para que el niño no se sienta incómodo.

Las convulsiones

¿Qué causa los ataques?

Hasta los dos años el sistema nervioso de los niños es inmaduro, todavía no es capaz de soportar las elevadas temperaturas ocasionadas por la fiebre, ni la velocidad con la que se presentan estos ataques. Sin embargo, las convulsiones febriles sólo se presentan en los niños que, por herencia familiar, tienen cierta predisposición. Aunque este fenómeno puede repetirse cada vez que el niño tiene fiebre, éstas no deben confundirse con las que se presentan "sin fiebre", puesto que puede tratarse de una enfermedad más grave (como la epilepsia).

¿Por qué los padres les temen tanto?

Este tipo de crisis son muy impresionantes: el bebé palidece de repente, se pone rígido, entorna los ojos, pierde el conocimiento y se agita durante algunos segundos sin que nada pueda impedirlo. Una vez que la crisis ha pasado (por lo general no dura más de 5 minutos), el niño cae en un sueño profundo. También pueden manifestarse convulsiones leves en las que el niño sólo siente rigidez, palidece o pierde el conocimiento por unos instantes.

Estos episodios realmente asustan a los padres porque temen que su pequeño tenga epilepsia.

¿Cómo reaccionar?

En primer lugar hay que mantener la calma y utilizar todos los medios a tu alcance para bajar la fiebre: compresas, baño para refrescar, medicamentos (paracetamol). Además, tienes que llamar al médico para verificar si las convulsiones se deben efectivamente a la fiebre. No debes emplear una mayor cantidad de medicina si la crisis ha sido particularmente larga o si se ha repetido con frecuencia.

La gripe

Se trata de la amiga íntima del invierno o cualquier tipo de clima frío. La gripe o rinitis es una enfermedad común. No te sorprendas si tú y tu bebé reciben algunas de sus visitas al año.

El tratamiento se limita a limpiar la nariz con suero fisiológico y el uso del aspirador nasal. También puedes usar antisépticos líquidos o en aerosol.

La rinitis puede expandirse y convertirse en una rinofaringitis, la cual suele ir acompañada de fiebre. Por tanto, es recomendable tener controlada la temperatura de tu hijo durante el tratamiento de la rinitis. Es posible que haya complicaciones en laringe, nariz, etcétera.

Además de las visitas obligatorias al pediatra, debes tener en cuenta las consultas extra para atender las enfermedades sorpresivas que, por cierto, son inevitables:

- Las enfermedades más comunes son: otitis, nasofaringitis, alergias, estreñimiento, diarrea, etcétera.
- Las enfermedades infantiles son: el sarampión, la rubéola, la roséola, las paperas, la varicela, etcétera.

ESCENA 3
BOTIQUÍN BÁSICO

La llegada de un bebé siempre es una buena oportunidad para organizar y actualizar tu botiquín familiar. Si eres de las mamás que arrumban en un cajón las cajas de los medicamentos al concluir el tratamiento médico, o si la mitad de las pastillas han caducado... ¡tendrás que limpiar y dejar un espacio para el nuevo material!

Lo primero será invertir en un botiquín médico, el cual colocarás sobre la pared o algún lugar libre de humedad. Las puertas del botiquín o los cajones para las medicinas tendrán que estar cerrados con llave. Después habrá que deshacerse de todo lo que ya no se requiera y acudir a la farmacia por los repuestos correspondientes, entre los que destacan medicamentos y otros accesorios específicos para el niño.

Toma papel y lápiz, prepárate para escribir lo que debes conseguir

- Un antiséptico que no irrite las heridas (como violeta de genciana).
- Gasa estéril y algodón absorbente.
- Vendas.
- Cinta micropore.
- Grapas cutáneas (Steri).
- Compresas absorbentes para hemorragias (Hemo-Stop).

- Ampolletas de suero fisiológico.
- Eosina acuosa.
- Una crema para las rozaduras (vaselina).
- Ungüento o crema con analgésico para los fuegos y pústulas dentales.
- Suero oral (en caso de diarrea).
- Un par de tijeras.
- Pomada para golpes y moretones.
- Crema contra quemaduras.
- Antiséptico ocular (gotas de manzanilla para los ojos).
- Un termómetro.
- Paracetamol o ibuprofeno (para bajar la fiebre del niño).

¿Cómo hacer que el bebé tome sus medicinas?

- Los jarabes son las fórmulas más fáciles de administrar: en general, su sabor es agradable y eso a los niños les encanta. Dale el jarabe en una pipeta o cucharita, no suele haber dificultades e incluso, algunos niños, ¡piden más! Sin embargo, la textura puede ser gelatinosa, lo que llega a incomodar el paladar del pequeño. En tal caso es aceptable diluir la solución con un poco de agua y proporcionar la dosis en un vasito.
- Las pastillas pueden ser trituradas (con un mortero o un rodillo de pastelería). El polvo debe mezclarse con yoghurt, puré de plátano o cualquier otro alimento que le guste a tu hijo.
- Los supositorios son, por su parte, bastante difíciles de usar. Generalmente éste regresa inmediatamente después de haber sido insertado; no obstante, si apretamos firmemente los glúteos del bebé, podremos retenerlo.
- Es importante subrayar que algunos niños pueden tener una mala experiencia con el supositorio, por lo que en la próxima aplicación su ano estará más cerrado que un banco a media noche. Trata de comprenderlo e intenta distraer su atención antes de iniciar la operación (incluso si los bebés parecen venir equipados con un sonar que impide la llegada de un intruso).

ESCENA 4
LAS VACUNAS

El calendario de vacunación te dará muchas oportunidades para
visitar a tu amigo el pediatra o acudir a los centros de salud. Algunas
vacunas son obligatorias (sobre todo antes de que el niño extienda sus
relaciones sociales); otras sólo son una opción recomendable.

Vacunar significa proteger y llevar un registro de la salud de tu hijo,
lo cual nos ayudará a mantenerlo sano en el futuro.

Esquema de vacunación:

Vacuna	Enfermedad que previene	Dosis	Edad y frecuencia
BCG	Tuberculosis	Única	Al nacer
Hepatitis B	Hepatitis B	Primera Segunda Tercera	Al nacer 2 meses 6 meses
Pentavalente Acecular Dpat + vPi + Hib	Difteria Tosferina Tétanos Poliomielitis Infecciones por H. Influenza b	Primera Segunda Tercera Cuarta	2 meses 4 meses 6 meses 18 meses
DPT	Difteria Tosferina Tétanos	Refuerzo	4 años
Rotavirus	Diarrea por rotavirus	Primera Segunda	2 meses 4 meses
Neumocócica	Infecciones por neumococo	Primera Segunda Refuerzo	2 meses 4 meses 12 meses

(Continuación.)

Vacuna	Enfermedad que previene	Dosis	Edad y frecuencia
Influenza	Influenza	Primera Segunda Revacunación	6 meses 7 meses Anual hasta los 59 meses
SRP	Sarampión Rubéola Parotiditis	Primera Refuerzo	1 años 6 años
Sabin	Poliomielitis	Adicionales	
SR	Sarampión Rubéola	Adicionales	

Viajar y viajar

Las vacunas anteriormente señaladas son válidas para México. Si tienes la intención de llevar a tu hijo al extranjero debes tomar todas las precauciones y consultar al pediatra.

¡Aún hay lugar en el auto!

EXPOSICIÓN DE LA ESCENA

¡Pero qué bello clima hay esta tarde! El aire es dulce y la hierba fresca...

Para aprovechar el precioso mes de mayo has decidido pasear al bebito en un parque. Llamas por teléfono a una amiga para proponerle una reunión de madres e hijos... cuelgas y vas en camino. ¿Pero llevas ya todo el equipo necesario? ¿Qué hay que hacer?

TÚ EN TU PAPEL DE MAMÁ

Mamá I. Las manos en los bolsillos.

¡Amas la libertad! Has instalado al pequeño en el porta-bebé, llevas un pañal de repuesto, una mamila, su juguete favorito y vas en camino. Te diriges al parque, vas a pie aunque esté un poco lejos... sin embargo te sientes bien y caminas sin preocupaciones porque a tu hijo le encanta mirar el paisaje.

Te encanta improvisar, aplaudo tu dinamismo. Es cierto que el bebé no tiene necesidad de gran cosa, sólo es un paseo y se trata de pasar un buen rato juntos. Pero no estaría de más tomar una pequeña chamarra para cubrirlo si hace falta, no sabemos si el día soleado puede nublarse. Una gorra siempre será bienvenida, pues lo protegerá contra los primeros rayos del sol. Si la mochila es lo bastante grande como para guardar una toalla de playa, ¡llévala! Así podrán sentarse en la hierba.

Mamá 2. Una carriola saturada.

Prefieres prevenir todas las eventualidades. Llevas la carriola en caso de que el bebé quiera tomar una siesta. En los espacios sueltos y compartimientos colocas una manta, un sombrero, una cámara, un refrigerio consistente, etcétera.

Te fascina la comodidad y el bebé se beneficia de ello. Sabes que un paseo puede tener sus variantes climáticas y si comienza a llover la cubierta plastificada de la carriola será de gran ayuda. Me parece que tu equipaje está perfectamente preparado para cualquier inconveniente.

Mamá 3. Un verdadero desastre.

¡Por qué cargas tanto en la carriola! Un termo, un cambio de ropa, un pequeño botiquín de primeros auxilios, etc. Si pudieras te llevarías hasta la cuna para que el bebé tome cómodamente su siesta.

Para un paseo ¡es una carga muy pesada! ¿No te desalienta? Relájate un poco y reflexiona sobre la comodidad: ¿de verdad necesita todo eso un bebé? ¡Basta con que haya algo con qué cubrirse, algo para jugar y algo para comer!

ESCENA 1
EN CARRIOLA

En el primer acto abordamos la correcta elección de la carriola y los criterios que debe cubrir antes de comprarla (plegable, tamaño, peso).

Veamos ahora un resumen de los diversos "vehículos" que puede usar el bebé, desde que es un lactante, hasta que camina por sí solo.

Elije la situación que mejor corresponde con la tuya.

1. Vivo en el campo (o en un terreno boscoso) y debo recorrer caminos accidentados y peligrosos. Debes elegir una carriola "4 × 4"; cuenta con grandes ruedas fijas y neumáticos inflables. Las suspensiones son flexibles y amortiguan impactos continuos.

Advertencia: este tipo de carriola es bastante voluminosa y poco versátil. Las ruedas no giran y, cuando vayas a la ciudad, será difícil de utilizar.

2. Quisiera trotar o patinar mientras paseo al bebé. ¡Nadie te va a creer! Pero si todavía piensas que puedes hacer deporte mientras paseas a tu niño, quiere decir que sigues soñando.

No obstante, si quieres representar el papel de "yo soy muy dinámica" elige una carriola deportiva, identificarla es fácil, tiene tres ruedas y neumáticos inflables. Este modelo también es adecuado para aquellos que viven en el campo (véase líneas arriba). Recuerda que, para la ciudad, este vehículo es incómodo y no te llevará a ninguna parte.

3. Vivo en la ciudad y debo usar el transporte público. Necesitas una carriola ligera con ruedas giratorias (a menudo esta es una condición necesaria para entrar en el autobús o dar un paseo por las calles con elevaciones). Además debe plegarse fácilmente.

4. Mi hija tiene un año de edad y estoy cansada de empujar su tanque. Lo que necesitas es una carriola muy ligera y compacta, ideal para tomar el transporte público, caminar en los centros comerciales, etcétera.

Consejos para elegir adecuadamente la carriola

Por lo general debes buscar una estructura que cumpla con tus necesidades y evolucione a la par de tu hijo; por ello el asiento debe ser ajustable, para que puedas acomodarlo de acuerdo con su edad.

Desde luego, todas las marcas ofrecen estructuras especiales con diversos accesorios y posibles posiciones, pero regularmente todo gira en torno a tres posibilidades:

Tipo	Edad	Funciones
Canastilla o cama para coche	De 0 a 6 meses	Puede servir como un asiento de seguridad y como una pequeña cama para los primeros meses.
Asiento	De 0 a 9 meses	Puede ser utilizado como silla. Resulta muy conveniente para los viajes cortos. Sin embargo, no debes dejar que el bebé pase demasiado tiempo en una misma posición, ya que su espalda podría curvarse.
Hamaca	Desde que el bebé pueda sostenerse	Asiento reclinable que se utiliza a partir de que el niño se sostiene solo y hasta los tres años.

Algunos detalles

- Comprueba que las partes de la carriola se encuentren sólidamente asentadas sobre su estructura.
- Compra un modelo que pueda variar la posición del asiento (la hamaca debe adoptar una posición horizontal).
- Elije un modelo de doble posición que pueda ser empujado hacia ti y hacia el camino.
- Asegúrate de que el arnés de seguridad cuente con hombros acolchados y se abroche en la entrepierna.

Reglas de oro de la mamá perfecta
para un paseo exitoso

Regla núm. 1

Cuando tu hijo sea lo suficientemente grande para sostenerse por sí solo y pasear en la carriola, cerciórate de asegurarlo con el arnés durante cualquier trayecto, por más corto que sea. No habría nada peor que se deslizara de su asiento y continuaras el viaje sin él.

Regla núm. 2

Cubre bien a tu niño durante los paseos invernales o si el clima es fresco. Mientras tú sudas en abundancia empujando la carriola (sobre todo cuesta arriba), él permanece inmóvil y puede enfriarse.

Regla núm. 3

Durante el verano no debes dejar la carriola expuesta al sol (se calentará como un horno y puede quemar al bebé), especialmente si ésta tiene colores oscuros.

Regla núm. 4

Poner el freno cuando el cochecito está inmóvil debe convertirse en un hábito. Pronto será un movimiento que realizarás en automático, evitando así cualquier posible accidente.

Los accesorios indispensables
para la carriola

Las bolsas del mandado van abajo

Tarde o temprano llegarás a tu límite. En primer lugar hay que reconocer que cargar las bolsas del supermercado y empujar una carriola son acciones incompatibles (incluso llevando las bolsas en las muñecas

¡cortan la circulación!). En segundo lugar, hay que tener en cuenta la capacidad infinita de la carriola: en ella se pueden meter los accesorios de uso infantil (botella de agua, accesorios para el cambio de pañal, cobija, etc.), pero también 2 kg de manzanas, 1 kg de papas, ½ kg de detergente, 2 baguettes... si aprendes a acomodar las cosas, la carriola se transformará en un pequeño carrito de carga.

La capota para la lluvia

Será de mayor o menor utilidad dependiendo del lugar en donde vivas; sin embargo, es un accesorio que conviene dejar de forma permanente en la carriola. Muchas veces caen lloviznas impredecibles que, aunque duran poco, podrían empapar a tu bebé. Aprende a utilizar la capota en la comodidad de tu hogar para asegurar su funcionamiento cuando lo necesites.

La sombrilla

Su uso es inversamente proporcional a la capota para la lluvia; mientras que casi todas las carriolas están equipadas con ésta, el paraguas es opcional. Sirve para evitar que el bebé reciba directamente los rayos del sol y quede deslumbrado. Sin embargo, debes tener cuidado con la sombrilla cuando los ágiles dedos del niño la alcancen... podría convertirse en un peligro.

EL BUEN CONSEJO DE UNA AMIGA

- Revisa con qué frecuencia se surten las carriolas en la tienda de tu preferencia, de esta manera, algunos meses antes de que des a luz, podrás asegurarte de que el modelo que quieres está disponible (recuerda que algunos colores requieren un periodo de producción más extenso).
- Intenta con otro tipo de colores, ¡no te conformes con el rosa y el azul!
- En verano coloca una toalla sobre el asiento de la carriola para que el bebé no sienta de golpe el calor o la textura rígida sobre su piel.
- Asegúrate de que la tela sea lavable.

ESCENA 2
A PIE

Puede suceder que tengas la energía suficiente como para planear un "paseo deportivo" y oxigenar tu cuerpo. Sin embargo, si quieres realizarlo, debes tener las manos libres, por tanto no podrás llevar la carriola contigo y tendrás que optar por otra solución: el portabebé.

Existen varios modelos disponibles que se adaptan a las necesidades de uso y a la edad del niño. Sin importar cuál sea tu elección (en posición ventral para los primeros meses, dorsal en cuanto el bebé pueda sostener su cabeza por sí solo o, si quieres verte original, un portabebé que se cuelga lateralmente), debes tomar en consideración varios factores:

- Su manejabilidad (debe instalarse con facilidad).
- Verifica que la cabeza del bebé tenga un buen soporte.
- Elije un modelo que se pueda lavar.
- Comprueba que el niño tenga suficiente espacio para respirar y que, durante la época de invierno, el exceso de ropa no afecte su comodidad.
- Asegúrate de que, cuando menos, pueda colocarse en dos posiciones: frente a ti y de frente al camino.
- Cerciórate de que se ajusta al tamaño del bebé. Al momento de comprar el portabebé debes revisar la edad y el peso para el que está diseñado. También está la opción de adquirir un modelo ajustable que se adapte a las distintas etapas del crecimiento de tu hijo; sin embargo, siempre podrás comprar un nuevo modelo de acuerdo con las características que requieras.
- Comprueba si el portabebé te permite amamantar mientras llevas al niño o si debes sacarlo.
- Mientras más acolchonadas sean las asas, mayor será el tiempo que podrás cargar al bebé sobre tu espalda sin demasiadas molestias.

Pero, cuidado, la libertad de manos no debe hacerte olvidar que llevas un cargamento valioso.

Con un portabebé en la espalda, ¡nunca debes inclinarte hacia adelante! Ni siquiera para recoger una piedra preciosa.

¡Recuerda que mientras lleves a tu niño de esa manera, no podrás jugar baloncesto ni conducir tu auto!

ESCENA 3
EN EL CARRITO
DE SUPERMERCADO

Durante los primeros meses tal vez tengas que ir al supermercado. Esta será una ocasión para relajarte y abandonar el caos del hogar, una bocanada de aire fresco contra la rutina diaria, será, en fin, una salida muy emocionante que no puedes dejar de aprovechar.

De cero a nueve meses

Pones al bebé dentro de su portabebé y éste en el interior del carrito: quizá no tengas mucho espacio para las compras pero tus manos y espíritu estarán libres.

De nueve meses a dos años

Se mete al bebé en el asiento para niños... quizá esta vez vayas a llenar el carrito, pero el bebé va a tirar todo lo que esté al alcance de sus manos.

Después de los dos años

El niño no querrá sentarse en la silla del carro, deseará ir atrás, debajo, de lado... decides ponerlo atrás, entonces comienza a abrir todos tus paquetes de galletas y jugos mientras mete en el carrito los productos que llaman su atención... "no, no fui yo quien compró esto", "estos no son pañales de talla grande... ¡son para adultos con incontinencia!".

Consejos de seguridad

Colocar el porta-bebé en la canastilla para niños no es realmente una buena idea, imaginemos que un cliente súper apurado llega por detrás y choca con el carrito en su loca carrera... ¡el bebé podría caer!

Tal es el caso de algunos supermercados que ofrecen un porta-bebé incluido en el carrito para las compras... si de todas maneras prefieres esa opción, pregunta por él en administración. Cuando el niño sea lo suficientemente grande para exigir subirse a la parte delantera del carrito, explícale que debe sentarse correctamente sin sacar piernas o brazos fuera del coche.

ESCENA 4
EN EL AUTOMÓVIL

Es el medio de transporte por excelencia, así que si cuentas con uno, tendrás que realizar ciertos ajustes para llevar al bebé sin peligro alguno. En ciertos países hay leyes que establecen las condiciones necesarias para llevar niños menores de 10 años. Independientemente del vehículo, verifica cuál es el reglamento para tu país. Por otro lado hay que resaltar que la gran mayoría de los fabricantes de sillas infantiles para el coche enfatizan la seguridad (¡gracias, señores!), esa es nuestra principal preocupación.

El asiento o silla para el auto

Ante todo, debe adaptarse a los cambios del niño. Para elegirla adecuadamente hay que considerar varios aspectos, entre los que destacan la edad y el peso de nuestro querido bodoque.

1. Canastilla o cama para coche (para recién nacidos): muy parecido al moisés, es el medio de transporte ideal para viajes largos, especialmente para lactantes de hasta seis meses de edad. Debido a su posición horizontal parece ser lo apropiado y cómodo para el bebé.
2. Portabebé para auto (de cero meses en adelante): se utiliza para transportar niños de hasta 13 kg.

3. Asiento para coche (de cero meses en adelante): está diseñado para soportar un peso de hasta 18 kg. Sin embargo, antes de los seis meses es preferible usar la canastilla durante los viajes largos.

4. Sillones infantiles para automóvil (de cero meses en adelante): la resistencia y las dimensiones son variables dependiendo del modelo, el límite máximo oscila entre los 25 y los 36 kg.

5. Asiento réhausseur (de cero meses en adelante): tiene una mayor altura que el resto de los portabebés y suele ser ajustable.

NOTA: Las sillas de tipo 2,3 y 4 suelen colocarse en el asiento del copiloto (las bolsas de aire deben estar desactivadas), o en la parte trasera del vehículo. Antes de que el bebé pese 9 kg, el asiento debe colocarse en posición horizontal y de frente al camino, después, de preferencia, irá en la parte de atrás del coche.

Cualquiera que sea el modelo elegido debes...

Entrenarte para poner y quitar la silla de bebé del coche (aprender a manejarla con facilidad te será muy útil si eres del tipo de mamá que transporta diversos objetos en su automóvil). Aunque lo ideal sería nunca tener que retirarla (¡especialmente si tu vehículo sólo tiene tres puertas!).

¿Todavía es necesario recordarte que un niño, sin importar la edad, debe estar asegurado por el cinturón de seguridad del asiento para bebés aun cuando los trayectos sean muy breves?

Algunos accesorios que facilitarán la vida de los niños viajeros

• La almohada en forma de cuña o almohada para el cuello. Son muy útiles para los niños al salir a carretera, a los más pequeños les ayuda a sostener su cabeza y a los mayores les proporciona comodidad mientras duermen.

- El espejo de vigilancia. Se coloca en la parte inferior del retrovisor en dirección hacia el asiento trasero donde se encuentra el niño, su función es evitar que mamá se tuerza el cuello tratando de revisar que todo esté en orden.
- Los "guarda objetos" especiales para automóvil suelen colocarse en el asiento delantero más próximo al bebé, en ellos se pueden guardar mamilas, galletas, pañales, juguetes ... y todos los accesorios necesarios.

Consejos para los viajes largos en automóvil

¡La carretera en vacaciones es insufrible! Probablemente serás parte de las hordas de vacacionistas que saturan las autopistas... (basta con recordar los reportajes de los noticieros para quitar las ganas de salir, y sin embargo, allá vamos...).

¿El tránsito es demasiado difícil? Desde luego que sí, pero ¡son vacaciones! Así que... aquí van unos consejos:

- Para que el largo viaje no se convierta en una epopeya sangrienta, debes ser precavida. Recuerda que papá se ocupará de los detalles del auto y tú de la comodidad de los pasajeros (a menos, claro, que seas la responsable de todo).
- Uno de los peligros de viajar en coche es la deshidratación; el otro, un posible golpe de calor: si tienen que hacer una parada técnica, no dejes a tu hijo dentro del auto con las ventanas cerradas.
- Durante los viajes largos, por más incómodo que resulte, trata de hacer paradas frecuentes para ventilar el coche e hidratar al bebé. En caso de calor extremo, intenta viajar de noche o utilizar moderadamente el aire acondicionado.
- Si vas a la montaña: haz una parada cuando se encuentren a una altitud media, así evitarás el problema de los "oídos tapados", el cual por lo regular es muy doloroso para los niños. También en este caso tendrás que mantener hidratado a tu bebé... si es mayor podrás ofrecerle goma de mascar.
- Tengas o no hijos a bordo, procura tomar descansos regulares. Los niños gritan y eso es muy estresante para el conductor. Las áreas

de servicio en las autopistas ofrecen actividades, tiendas y juegos que servirán para que tú y tus pequeños se distraigan un poco y disfruten su viaje al máximo.

Si tu no conduces el vehículo, no estaría mal que durante una parte del trayecto te sentaras con el bebé para jugar con él sin torcerte el cuello.

PROVISIONES PARA EL LARGO VIAJE
EN COMPAÑÍA DE UN PEQUEÑO MONSTRUO

• Agua, de preferencia en un termo que la conserve fresca (si es un viaje de verano).
• Discos o MP3 con canciones pegajosas.
• Toallas o franelas (útiles para cubrirse del sol cuando el visor del auto no es suficiente).
• Juguetes (los favoritos del pequeño para un rato de diversión).
• El osito de peluche.
• Bocadillos.
• Cobijas para los viajes de invierno.
• Toallitas húmedas para limpiar las manos pegajosas, las pequeñas manchas, la sudoración o los rastros de vómito.

ESCENA 5
EN EL AVIÓN

El bebé podrá volar desde la segunda o tercera semanas de vida, pero de cualquier forma debes preguntarle a su pediatra si considera que no hay inconvenientes.

Al viajar con un niño, el personal de la compañía aérea debe redoblar la atención que te proporcionan, por lo que tendrás un trato preferente y te visitarán con frecuencia para ver que todo esté bien.

Sin embargo, tu posición como madre no hará que el avión salga antes de la hora o sin retardo; por tanto, habrá que confiar en que la espera no sea demasiado larga antes de abordar. No olvides llevar contigo la pañalera con las cosas esenciales: pañales, toallitas húmedas, juguetes, mamilas, cambios de ropa, etcétera.

Si el bebé es muy pequeño y el vuelo no es demasiado largo, procura que viaje en su portabebé, acompañado de tus cuidados, así es posible que no se dé cuenta de su viaje. Para los trayectos largos, procura informarte sobre las facilidades que ofrece la aerolínea: "Puedo llevar conmigo el moisés o la carriola?" "¿Su compañía me proporcionará un asiento especial para el bebé?"

Aterrizaje y despegue

Sin importar la solución que elijas, debes abrazar contra tu pecho al bebé durante el aterrizaje y el despegue. Pide ayuda a una azafata si no consigues acomodarte.

También durante el aterrizaje y el despegue varía la presión en la cabina (lo que produce "oídos tapados"). Los adultos saben luchar contra este fenómeno, con un bostezo por ejemplo, pero los niños no. Para evitar estos inconvenientes (que pueden ser muy dolorosos para los bebés, especialmente cuando están resfriados), podrías darle un biberón o una paleta de dulce. Procura mantenerlo hidratado, pues la atmósfera de la cabina suele estar muy seca.

Durante el vuelo

En general, la actitud del niño dependerá de su edad y de su capacidad para conciliar el sueño; cuanto más grande sea, mayores serán sus deseos de "estirar las piernas". En consecuencia, ya te puedes imaginar recorriendo los pasillos del avión para evitar el nerviosismo de los pasajeros y el llanto del pequeño (una cabina presurizada genera una tensión mucho más fuerte de la habitual, la cual suele desesperar al niño y lo obliga a gritar). Sin duda a nadie le gusta oír llorar a un bebé, pero en un avión parece algo inevitable... la ocasión puede servirte para realizar un pequeño estudio de campo sobre la actitud de los pasajeros a bordo.

- La mirada incómoda del vecino de al lado que en lugar de continuar leyendo sus correos electrónicos se concentra en el llanto del niño.

- Los ojos asesinos de la madre que logró dormir a su propio monstruo.
- La sonrisa cómplice de la abuela que reconoce las miradas del resto de los pasajeros.
- La actitud envidiosa de los novios y jóvenes parejas que todavía no conocen la dicha de un hijo...

Prevé todo lo que haga falta para alimentar a tu pequeñito, mordisquear algo dulce ayudará a matar el tiempo (¡durante el viaje habrá que olvidarse de las reglas dietéticas!).

Ofrécele un juguete nuevo que ocupe su atención durante algún rato. Las compañías aéreas también suelen preocuparse por la diversión de los pequeños, pregunta a la azafata si hay libros para colorear, juguetes, etcétera.

ESCENA 6
EL ARTE DE REDUCIR UNA MALETA

Como si no fuera suficiente tener que viajar con un bebé todo el fin de semana y limitar tu equipaje a dos maletas... buena parte de éste tendrá que llevar las cosas del niño. Parece que alguien necesitará una varita mágica que reduzca todo a la mitad.

Trucos para reducir
el tamaño del equipaje

- Las marcas de cosméticos no suelen escatimar en muestras de regalo: aprovecha su generosidad y consérvalas, serán útiles para el viaje de fin de semana o las vacaciones lejos de casa.
- Algunas tiendas ofrecen una amplia variedad de botellitas de plástico, utilízalas para llevar provisiones. Si son dos o tres días no hay necesidad de cargar con el bote de 2 kg de leche en polvo o el champú tamaño familiar.
- Lleva porciones individuales de cereal y demás alimentos para el niño.
- Empaca los juguetes menos voluminosos. Explícale a tu hijo que la autopista de carreras debe quedarse en casa.

- No te estreses mucho si no esterilizas los biberones durante dos días. Si te preocupa demasiado, podrías considerar las tabletas de esterilización en frío o utilizar la olla exprés de tu tío. También puedes comprar botellas desechables... bastante caras, pero igualmente prácticas.
- Calienta el biberón en un pequeño recipiente con agua hirviendo. ¡Deja los calentadores especializados en casa!
- Los paquetes de pañales son voluminosos, así que podrías ocuparlos para rellenar los huecos de la parte inferior de tu maleta.

Y la oruga se convirtió en mariposa...

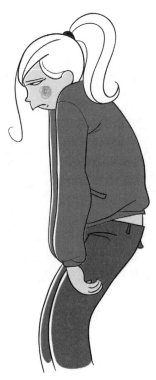

EXPOSICIÓN DE LA ESCENA

Habías puesto al bebé en medio de la sala, sobre el tapete para jugar... pero después de leer dos o tres páginas de tu libro buscas al pequeño (de seis meses) y ¡sorpresa! Ya no está sobre el tapete, sino que ha trepado algunos metros y ha comenzado a vaciar los estantes de la parte baja ¡de tu biblioteca!

Además, ha aprovechado la ocasión para desgarrar meticulosamente algunas páginas de los libros del abuelo... ¿Qué piensas hacer?

TÚ EN TU PAPEL DE MAMÁ

Mamá I. ¡Qué divertido!

¡Ah, esto sí que es diversión! Te fascina ser una espectadora de sus habilidades, la manera en que se mueve y descubre su autonomía te resulta sorprendente. Lo animas dejando el campo libre para sus actividades... aunque es claro que papá no se sentirá muy feliz cuando vea sus libros dañados... tal vez por eso vaciaste los estantes de la parte baja del librero: un espacio reservado para el querubín. Fue una buena idea poner revistas viejas y libros para niños que el pequeño podrá manipular y desgarrar a placer.

Es verdad que la maduración del bebé tendrá que pasar por experiencias que a veces son desfavorables para la decoración de la casa. Está bien que permitas que tu hijo se desplace para donde quiera, siempre y cuando garantices su seguridad. Coloca trozos de plástico acolchonados en las esquinas de las mesas y de los muros.

Mamá 2. ¡No! ¡No toques eso!

Has decidido llegar a un acuerdo entre la ligereza y la autoridad. Ante todo quieres garantizar la seguridad de tu hijo, pero también procuras que aprenda los límites que no deben sobrepasarse: "no, no debes brincar en el sillón". "No, un niño no debe jugar con la pantalla HD", etcétera.

> Tu actitud está llena de sentido común: establecer los límites que el niño debe seguir es tranquilizador. Para él todo es un juego, todo está por descubrirse. Debe conocer los peligros de una casa y respetar lo prohibido. Aunque esto parezca una dolorosa fase de aprendizaje, debemos decir "no" mil veces al día, es algo útil e indispensable para su educación.

Mamá 3. No toques eso... ¡te vas a lastimar!

Contigo las cosas son simples: el bebé no debe tocar nada para que no se haga daño y para que no lo rompa. Te estremeces cada vez que se golpea con un mueble o tropieza con algo...

> ¡Vaya, vaya, al parecer no has terminado de estresarte! Golpe a golpe se forma el aprendizaje diario del joven caminante. Debes aprender a dejar de dramatizar: "¿Te caíste? No importa conejito mío, mamá te dará un beso para que te olvides de todo." ¡Cada caída nos vuelve más fuertes!

ESCENA 1
EL DESARROLLO PSICOMOTOR

Te va a encantar verlo dormir todo el día, tu niño estará tan activo como un oso polar hibernando. De cualquier manera, incluso dormido, no dejará de moverse. Entonces, ya que se haya adaptado al mundo, va a convertirse en un compañero tan dócil como una planta. Esta será la señal de que enfrentará nuevos cambios.

El desarrollo físico de "la niña de tus ojos" dejará de ser a lo ancho para ser a lo alto, ya no va a gatear, pero dará sus primeros pasos. Poco a poco abandonará su andar en zigzag para comenzar su marcha en línea recta. Todo esto tiene que ver con el desarrollo del esqueleto, la musculatura, el sistema nervioso y el afinamiento de los cinco sentidos. La evolución física del bebé está totalmente ligada al conjunto de adquisiciones intelectuales y afectivas: cuanto más crezca, más cosas sabrá hacer; y entre mejor asuma su lugar en la familia, se incorporará a la sociedad con más facilidad. Por eso, es posible que lo encuentres debajo de la mesa, sólo intenta descubrir nuevas perspectivas; su curiosidad se ha incrementado y lo impulsa a dar el paso que lo llevará a desarrollarse.

El niño conseguirá estos aprendizajes por sí mismo, mil veces tendrá que poner a prueba su habilidad para arrodillarse antes de pasar a la siguiente etapa: mantenerse en pie. Tu función será la de ayudarlo, el ánimo y el apoyo en sus esfuerzos serán determinantes. No obstante, también tendrás que protegerlo y delimitar el alcance de sus experiencias. Por ejemplo, despejando su camino o cercando los lugares a los que tiene acceso.

Desde luego, se trata de un desarrollo progresivo. Los niños, por lo regular, consiguen sus objetivos durante su primer año. Sin precisar puntos de referencia muy específicos (como "a los cuatro meses el niño podrá hacer esto o aquello"), haremos una revisión general del desarrollo psicomotor del pequeño para todas las mamás que estén preocupadas respecto del crecimiento de su bebé.

Advertencia

Debe tenerse en cuenta que no todos están obligados a cumplir al pie de la letra cada una de las etapas, todo depende de su propio ritmo; algunos pueden saltarse etapas o estancarse en otras por algún tiempo.

Las mamás, en un arrebato de amor visceral provocado por la ilusión de haber dado a luz al bebé más hermoso del mundo, suelen establecer comparaciones entre su pequeña maravilla y la de los otros: "mi bebé ya puede hacer esto, el mío ya dice aquello…". Hay que ser más astuto que aquellas mamás modelo que intentan vivir a través de sus hijos. Guarda tu vanidad y haz callar a tu angustia, ya las necesitarás cuando haya algo que tu bebé no haga mejor que los demás. ¡No lo hagas competir a los seis meses de edad! Dale tiempo para descubrir los engranajes de nuestro mundo de tontos.

"Mamita, me encanta que pases tu tiempo observándome, me gusta que te rías cada vez que me muevo o hago algo nuevo, como la primera vez que quise decirte mamá y te pusiste a llorar... ahora, para darte gusto, te mostraré todo lo que puedo hacer. "

El desarrollo del bebé

Nacimiento

Durante todo el tiempo que pasó en tu vientre, el bebé se sentía tranquilo y se dejaba mecer por tus movimientos. De vez en cuando hacía algunos estiramientos, así fue descubriendo su cuerpo: manos, boca, pies...

LA OPINIÓN DEL ESPECIALISTA

Después de haber pasado tanto tiempo en el vientre de mamá y haber experimentado los llamados reflejos primarios (succión, deglución, movimientos involuntarios, etc.), el recién nacido llega al mundo con numerosas capacidades.

Pensamientos del bebé

"Alguien me jala, ¡quieren sacarme de mi nido! Por eso lloro mientras un señor en bata blanca me hace cosquillas por todas partes".

LA OPINIÓN DEL ESPECIALISTA

El pediatra verifica los reflejos durante los días posteriores al parto: caminar por reflejo (cuando sostenemos al niño mientras él da pasos en el vacío), reflejo de prensión (se pone un dedo en la palma del bebé y él debe apretarlo con fuerza), reflejo de succión (acercamos un dedo en los bordes de la boca del pequeño, él lo busca y comienza a succionarlo), y otros tantos...

No obstante, estos reflejos van a detenerse progresivamente para transformarse en movimientos o acciones voluntarias. El niño controlará primero los movimientos de la cabeza, después los de la espalda y abdomen, luego brazos y, por último, piernas

Primer mes

El bebé duerme mucho tiempo y cuando se despierta comienza a moverse para relajarse. Su cabeza es la parte más pesada de su cuerpo y no la puede levantar demasiado, por lo que le será difícil saber si estás ahí o si pronto llegará su biberón.

Segundo mes

Empieza a distinguir a las personas, probablemente se siente feliz de sentir tus mimos y percibir que capta tu atención... ¡hasta le has tomado una foto!

LA OPINIÓN DEL ESPECIALISTA

Recordemos que, a pesar de haber permanecido en posición fetal durante un largo tiempo, el cuerpo del bebé se desarrolla rápidamente. Por ejemplo, cuando está en el vientre puede mover ligeramente la cabeza. Durante los dos primeros meses, después de haber nacido, tu niño pasará mucho tiempo perfeccionando este movimiento.

Tercer mes

No puede dejar de moverse, ¡es como si sus miembros estuvieran electrificados! Ya puede levantar la cabeza cuando le extiendes tus brazos para cargarlo, o bien, concentrar la atención de sus ojos en un objeto desconocido (qué increíble es el mundo por descubrir). Algunos bebés son tan fuertes que incluso pueden sostenerse con sus antebrazos cuando están recostados sobre su vientre. A esta edad el niño quiere tocarlo todo, extiende sus manos hacia los juguetes, sonajeros; todo lo que esté a su alcance y llame su atención, sin embargo, aún no cuenta con la fuerza suficiente para sostener los objetos, por lo que se escurrirán de sus manos. También comenzará a producir sus primeros balbuceos y a distinguir emociones... no te asustes si escuchas una risa interminable, es porque papá está haciendo gestos a su pequeño.

LA OPINIÓN DEL ESPECIALISTA

Como podrás notar, el reflejo de agarre va a desaparecer. Aun cuando la acción de sostener un objeto sea involuntaria, el bebé necesita desarrollar una mayor coordinación entre la mano y la vista.

Cuarto mes

El bebé empezará a moverse por sí solo, a sujetarse y coordinar sus extremidades. También a esta edad es normal que se lleve todo a la boca, por lo que tendrás que poner mucha atención a los pequeños objetos que circulan por la casa y a la limpieza de sus juguetes.

Pensamientos del bebé

"¡Lo logré! Pude montarme en la espalda de papá y como vi que junto a mí estaba mi juguete favorito, decidí hacerme de lado para alcanzarlo, ¡fue algo genial! Un poco difícil, es cierto, pero lo conseguí... y después, ¡pude volver a montar a papá! Lloré un poco porque me costó mucho trabajo, me recordó aquellos meses en el vientre de mi mamá en los que todo era borroso, pero nunca me aburría... había ahí muchos juguetes que atrapar y tocar. Ahora, en casa, hay más cosas para jugar y mis ojos miran sorprendidos en todas las direcciones. Además, para asegurarme de haber estudiado a detalle los objetos, acostumbro meterlos en mi boca, ¡quizá tengan un buen sabor!

Quinto y sexto meses

El niño ha conseguido casi el control total de su movilidad. Así que intentará aprovecharse de eso y recorrer toda la casa. Recuerda cerrar los lugares donde no debe entrar, como el baño o la cocina. También desarrollará la capacidad para sostener objetos y mantener la cabeza arriba por sí solo.

Pensamientos del bebé

"Me encanta mirar y tocar mis pies, agarrarlos es muy divertido. Ya puedo pasear por toda la casa; si no cerraran la puerta, podría ir hasta el último rincón de mi jardín o el del vecino, ¡me encanta estar en mi tapete de juego! Cuando mamá acomoda los cojines, ¡me siento yo solito! Pero sobre todo, ¡por fin puedo sostener los juguetes! (E ir por ellos si no están muy lejos de mí.)"

LA OPINIÓN DEL ESPECIALISTA

Permanecer sentado por cuenta propia y mirar detalladamente los objetos es, de por sí, un gran avance en el acercamiento de tu hijo con el mundo. Sin embargo, una nueva fase de exploración iniciará muy pronto.

Séptimo y octavo meses

El bebé empieza a distinguirse a sí mismo, a diferenciarse del mundo y, en consecuencia, a diferenciar objetos. Esto dará lugar a nuevos juegos.

Pensamientos del bebé

"Desde hace algún tiempo, podía sentarme con gran equilibrio, pero ahora soy capaz de fijarme en una gran cantidad de cosas ¡me encanta sacudirlas! Pero lo más importante y divertido es: ¡hacerlas caer y lanzarlas muy lejos! En cualquier caso mi mamá trae los objetos de nuevo y puedo jugar otra vez, pero… ¿por qué habrá quitado todas las cosas lindas que estaban en la mesa de centro? Cuando estoy deprimido comienzo a gatear, me arrastro al cuarto de mamá y veo algo que me gusta: ¡un bebé que ríe en el espejo!

La opinión del especialista

A los ocho meses, después de observar los objetos desde todos los ángulos, el niño descubre la perspectiva y la tercera dimensión. Si tu hijo no deja de lanzar todo lo que encuentra, tendrás que ser comprensiva y devolverle sus juguetes. No te preocupes, este periodo será corto.

Noveno mes

Tu pequeño intentará mantenerse de pie y dará sus primeros pasos, casi duplicará su altura y se convertirá en un explorador.

Pensamientos del bebé

"¡Como ya puedo sentarme sin problemas es hora de intentar algo nuevo! Los barrotes de la cuna me ayudan a sostenerme en mis rodillas, intento levantarme... a veces lo consigo, pero mis piernas no resisten mucho tiempo y... ¡puff! Caigo sobre mis pompis. Soy terco, lo sé, lo intento todo el tiempo. También lo hago con las sillas en el comedor, me encanta conseguir pequeños tesoros, principalmente, ¡las migas de pan que están sobre la mesa!"

La opinión del especialista

A esta edad el deseo de levantarse es un enorme progreso: por desgracia, será necesario hacer varios intentos para conseguirlo. Cada uno contribuye a bombear sangre a las piernas, el hierro las fortalecerá y muy pronto ponerse de pie será un éxito.

También a esta edad la mano se hace más diestra, especialmente el pulgar que comienza a usarse junto con el dedo índice para formar las famosas "tenazas" o "agarre" tan útiles para sostener objetos pequeños.

Décimo mes

El bebé desarrolla habilidades psicomotrices que se aprecian en juegos más complejos y en el control de su cuerpo; sin embargo, el equilibrio aún es inestable cuando se encuentra de pie.

Pensamientos del bebé

"¡Increíble! ¡Ya puedo sostenerme en pie con una sola mano! ¿Ya viste mamá? Pese a todo, aún me molesta no poder moverme mucho para llegar a mi lugar preferido o que mamá tenga cerradas algunas puertas. Me. he vuelto muy hábil construyendo, papá me ha traído muchos cubos para hacer una pirámide... es divertido aunque a menudo se derrumba porque al caer me sostengo de ella.

LA OPINIÓN DEL ESPECIALISTA

Las piernas han ganado suficiente musculatura para permitir que el bebé mantenga una posición por mucho tiempo, incluso intentará dar unos pasos sujetándose de los muebles o pidiendo que le den la mano. Mantenerse en pie será su principal interés por ahora.

Decimoprimero y decimosegundo meses

Es un periodo de perfeccionamiento, en apariencia estático, pero que de un momento a otro traerá resultados.

Pensamientos del bebé

"¡Ya no necesito apoyo cuando estoy de pie. Claro que no puedo hacer mucho, pero mi rendimiento mejora todos los días... me parece que pronto voy a poner un pie delante del otro, mi mamá extiende sus brazos desde muy cerca ¡se ve tan feliz de ver que lo hago! Aunque me caigo mucho, ¡no es un problema! Puedo sentarme de nuevo, apoyar mis manos en el suelo y ¡listo, aquí voy de nuevo!"

LA OPINIÓN DEL ESPECIALISTA

A esta edad tu hijo está muy próximo a caminar, aunque no lo conseguirá sin dificultadas e intentos que durarán, todavía, algunas semanas. Cuando lo consiga, nadie podrá pararlo. Por otro lado, los movimientos de sus manos se volverán cada vez más complejos. En esta etapa podrás ayudarlo con juguetes en los que tenga que insertar piezas en agujeros con siluetas específicas.

CUESTIONARIO

La andadera, pon a prueba *tus conocimientos*

1. Es conveniente poner a un niño de cuatro meses en la andadera.

   ◯ Cierto   ◯ Falso

2. La andadera es un instrumento formidable porque le ayuda al niño a descubrir el mundo.

   ◯ Cierto   ◯ Falso

3. La andadera puede ser peligrosa.

   ◯ Cierto   ◯ Falso

4. Podemos dejar al bebé toda la tarde en la andadera.

   ◯ Cierto   ◯ Falso

5. Por lo general, el desarrollo de las niñas aventaja al de los niños por un mes.

   ◯ Cierto   ◯ Falso

Respuestas

1. Falso. Debes esperar hasta que tu niño se siente por sí solo, aproximadamente entre los siete u ocho meses. Los músculos de su espalda tienen que estar lo suficientemente fuertes para que el asiento de la andadera no los deforme o lastime.
2. Cierto. La andadera es un instrumento de autonomía; dentro de la casa, el niño podrá ir a donde quiera y venir a tu lado cuando lo llames. Sin importar la edad, los pequeños suelen ser veloces.
3. Cierto. El motor de la andadera (las piernas de tu bebé) está fuera de control. Tendrás que poner mucha atención a las escaleras porque el pequeño se precipitará sobre cualquier espacio abierto. Esto puede provocarle caídas y lesiones graves.
4. Falso. Las piernas de los niños no pueden soportar un esfuerzo prolongado. Además, la espalda del bebé aún no se desarrolla del todo, necesita soporte y reposo. Déjalo usar la andadera por periodos de 15 o 20 minutos (como máximo). Si de verdad insiste, podrías dejarlo usarla varias veces al día.
5. Cierto. Tendremos que acostumbrarnos a ellas.

CONSEJOS DE SEGURIDAD

- Si el bebé está quieto:

  - El portabebés debe contar con un soporte estable, ya que el bebé podría moverlo o voltearlo con sus movimientos bruscos.
  - Si el niño no estará en su cuarto de juegos, cerciórate de que se encuentre sobre una superficie cómoda (no directamente sobre el suelo), puedes usar una alfombra o un tapete. Procura no dejarlo en un lugar del que pueda rodar y caer.
  - Cuando lo escondas entre los cojines de la sala, no olvides colocar uno entre sus piernas, pues a menudo se inclina hacia delante y se va de cabeza.

- Cuando el niño gatea:

  - Su campo de acción se extiende, los peligros de la casa se multiplican. En ese momento tendrás que limitar los espacios a los que tiene acceso tu bebé: las puertas del armario deben estar cerradas, también las del baño y no olvides mantener alejados los tazones del perro y el gato.

- Cuando el pequeño se mete debajo y entre los muebles:

  – Cubre las esquinas (superiores e inferiores) de los muebles (mesa, tocador, ropero, mesa de centro, etc.). Asegura el tapete al piso para que nadie pueda tropezar con él.
  – Retira cualquier objeto o proyecto en el que estés trabajando: computadora, libros, control remoto, manualidades, los estantes inferiores del librero, etcétera.

- Cuando el bebé camina:

  Básicamente, los consejos de seguridad siguen siendo los mismos, salvo que ahora tendrás que poner límites a tu hijo, ¡explícale qué tocar y qué no!

ESCENA 2
"¡MA AM MA... MAMÁ!"

Además del gran acontecimiento de aprender a caminar, uno de los espectáculos más esperados en el aprendizaje del lenguaje. ¡Vaya que sí es un desafío importante!

Gritar y balbucear sílabas distintas hasta formar palabras no es un trabajo fácil. Se puede considerar que todos los sonidos que el bebé emite son una forma de comunicarse, éstos deben ser estructurados para convertirse en una verdadera palabra, en algo comprensible.

- Durante el sexto mes de vida intrauterina, el bebito ya puede escuchar todos los sonidos a su alrededor, el latido de su corazón, el gorgoteo de su estómago, tu voz (que se extiende por su cuerpo como en una caja de resonancia). También puede oír lo que te rodea (especialmente la profunda voz de papá), percibe la música y el ambiente sonoro que se propaga por el líquido amniótico en el que nada... (todo llega a él de un modo tenue, pero audible).
- Al nacer, numerosos sonidos le resultarán familiares, tu voz, por ejemplo, tendrá un gran efecto tranquilizador. Las lágrimas y el llanto serán el modo de comunicación más importante de tu bebé, aunque también podrá ayudarse de expresiones faciales, gestos y muecas que te permitirán entender lo que quiere expresar.
- A los dos meses hará vocalizaciones y murmullos de un modo casi incontrolable. Sin embargo, su sistema de voz (laringe, faringe, lengua, etc.) no se ha desarrollado lo suficiente para ser capaz de realizar sonidos semejantes a las palabras.

En compensación, el lenguaje del bebé cada vez será más familiar para mamá.

Es el periodo de los primeros "diálogos":

- Bebé: "¡A a a a geu geur GUER!"
- Mamá: "¡A a una geu geur GEUR? ¡Pero qué contento estás! ¡Escucha lo bien que hablas!"
- Bebé: "A a ga a a ba geur!"

- Mamá: "¡Por supuesto, amor, tienes razón! ¡Me encanta oírte…!"
- A los tres meses el bebé será capaz de controlar su respiración: su anatomía lo predispone al habla. Los sonidos más frecuentes serán los vocálicos, pero ahora sonarán muy distinto. Te darás cuenta de que su risa ya es modulada y adopta la entonación de nuestra lengua.

NOTA: A esta edad los sonidos son internacionales. Todos los niños del mundo pronuncian igual, aun cuando ya hay signos de acentuación y entonación de la lengua.

- Alrededor de los meses quinto y sexto, los bebés adquieren voluntariamente la entonación del idioma. Ellos se las arreglan para usar su lengua, la cual se divierte mientras golpea, sopla, se pliega y vibra en los labios. El pequeño experimenta, grita y susurra… explora la amplia gama de posibilidades.
- A los siete meses el niño añade consonantes y forma sílabas que repite al infinito: "ba ba ba ba…", "ma ma ma ma…". La lista de los sonidos más comunes son las vocales a y e, y las consonantes son: m, b, n, p, d y k (recuerda que los bebés combinan una gran variedad de sílabas).

NOTA: Ya verás que el día menos esperado, a la mitad de una conversación entre tú y su papá, el bebé decidirá hablar por primera vez, va a pronunciar la ansiada palabra mágica: "ma-má". ¡Es probable que tu corazón salte, se derrita o explote! En ese arrebato de ternura es muy fácil olvidar que, para el niño, no fue intencional llamarte así. Sin embargo, al ver tu reacción, él comprenderá lo que ha dicho: descubrirá el poder que tienen sus palabras para atraer tu atención y provocar tu alegría. No hay nada de qué preocuparse, después de algún tiempo y un sinfín de ensayos, el bebito aprenderá a llamarte "mamá".

Estudios recientes demuestran que el balbuceo es un verdadero lenguaje: para enunciar "pedazos de palabras" es el hemisferio izquierdo (donde se aloja la capacidad del lenguaje) el que trabaja; si se trata de una sonrisa, se encargará el hemisferio derecho (que alberga las emociones).

Desde hace varios meses tu bebé explora la amplia variedad de posibilidades que le ofrece la combinación de vocales y consonantes. Por ello, tendrá que variar el ritmo, la entonación y modular los sonidos que produce. En resumen: hablará a solas dejándose seducir por su propia voz.

- A partir de los nueve o 10 meses el balbuceo se perfecciona aún más, notarás que el pequeño toma conciencia de los objetos a los que se refiere: ahora distingue con mayor claridad los sonidos a los que está expuesto durante el día, identifica a las personas y a las cosas con un nombre o balbuceo distinto. Él también es consciente de su descubrimiento y esto lo animará a memorizar nuevas palabras para comprender mejor lo que ocurre a su alrededor.
- Hacia el final del primer año, el niño habrá aprendido unas 30 palabras y las identificará incluso fuera de contexto.

El bebé tardará aproximadamente 18 meses en adquirir un promedio de 50 palabras, de las cuales podrá enunciar muy pocas. Este largo periodo le permitirá almacenar el vocabulario más esencial y hacer las relaciones más generales entre las cosas y su nombre.

Más tarde, ¡el bebé no va a parar de hablar!

Habla mamá y habla el bebé

Naturalmente, uno modula el tono de su voz de acuerdo con la persona que está hablando, pero con un niño debemos redoblar nuestros esfuerzos. Todas las madres del mundo cambian su voz y su vocabulario cuando se dirigen a su hijo: el ritmo es más lento, las frases son cortas, la entonación a veces es muy exagerada y suele ir acompañada de expresiones faciales excesivas. Esto es completamente normal y va a durar un largo tiempo. Sin embargo, necesitas establecer límites y no convertir tu plática en balbuceos. ¡Utilizar el lenguaje del bebé no va a ayudarlo a comprender!

¿Qué debo hacer?

* Modula tu voz. De esta manera tu entonación será melodiosa y agradable para el bebé. Trata de adaptar tu vocabulario para que comprenda mejor: "¿Dónde está la mamila? ¿Dónde está? Aquí está, la mamila del lindo bebé de mamá." No te sientas mal, ¡todo el mundo lo hace!
* Utiliza palabras sencillas y muy generales, pero no las deformes: "¡Mira! ¡Un perro lindo!"
* Repite correctamente y con naturalidad la palabra que tu niño pronuncia de manera incorrecta: "¡Ah tutuga de pa-pa!" "Sí bebé, la tortuga de papá."

¿Qué no debo hacer?

* Hablarle de forma vulgar.
* Adoptar su vocabulario: "¡Mira! Sí, un gua-gua, un peyo moso."
* Es mejor que aprenda a llamar a las cosas por su nombre tan pronto como sea posible, hazle saber que la palabra perro es la correcta, aun cuando no pueda decirla.
* Motívalo a pronunciar las palabras correctamente, contribuirás al desarrollo de los órganos que permiten el habla: "No se dice tato, se dice gato. Ahora repite conmigo: ¡ga-to!": "¡Ta-To!"

ESCENA 3
"¡A JUGAR!"

Para tu pequeño jugar significa aprender, construir experiencias, desarrollar su inteligencia, en una palabra: ¡crecer! Sin lugar a dudas, se trata de una actividad esencial para todo niño.

Evidentemente, durante el primer año de vida, tu bebé no podrá participar en un juego de mesa y desempeñar un puesto en él sólo por diversión. ¡No, no y no! Para un nene jugar significa ¡que él y su mamá jueguen juntos! Por supuesto, él te dará un respiro cuando concentre su atención en algún objeto de la casa y quiera averiguar su funcionamiento mientras observa cómo rebota en el suelo. Sin embargo, por lo general, serán compañeros de juego. Para divertirse no tendrán necesidad de gran cosa... algunas canciones para niños, juegos con las manos o una sesión de cosquillas serán más que suficientes. ¡Te aguardan muchos momentos de complicidad! Recuerda que el juego es una excelente oportunidad para comunicarse y compartir experiencias.

CONFIDENCIAL

¿Aún recuerdas que de niña te gustaba caminar por la juguetería del supermercado en temporada de Navidad? Había hermosas muñecas, trenes de madera, rompecabezas... y esperábamos, impacientes, encontrar algunos de ellos bajo el árbol de Navidad. Hoy día, los jóvenes padres se extravían en los pasillos de las jugueterías, hay cientos de muñecas con funciones y mecanismos distintos (muñequitos que hacen pis, que comen, que dicen mamá y se chupan el dedo...). ¿Qué podemos elegir si nuestras opciones son el monstruo espacial o un astronauta "interplanetario"?

De hecho, el problema tiene solución. A partir de los tres años, el bebé podrá escribir su lista de juguetes ¡en Internet!

Un juguete para cada edad

Aceptémoslo, las marcas más famosas de juguetes conocen todos los trucos para atrapar la atención de "la niña de tus ojos" ("mamá, mamá, acaba de salir la muñeca vestida de princesa del pop") y por eso no pueden ser menos expertos para especificar la edad a la que un juguete está destinado. "Mira, aquí lo dice claramente: de los 18 meses en adelante."

Sin embargo, ¡no debes anticiparte!: calma tus ansias y espera a que el niño tenga la edad adecuada para usar un juguete. Las indicaciones no son fortuitas; tal vez algunas piezas pueden ser peligrosas para los niños más pequeños, los cuales, además, aún no son capaces de usar ese juguete y disfrutarlo al máximo. Por tanto, busca juguetes que sean interesantes para tu bebé y concuerden con el rango de edad en el que se encuentra.

Del nacimiento a los seis meses

En los primeros tres meses los bebés se dedican a observar y tocar lo que les ofrecemos. El sonido y el color son los elementos privilegiados de su atención. Por ello, es posible que sus juguetes preferidos sean las sonajas y los móviles.

Tan pronto como el pequeño mantenga su cabeza por sí solo y pueda recostarse en el sillón, sus manos se convertirán en su principal objetivo. Lanzar cubos o jugar con su osito de peluche será demasiado estimulante.

Entre los cuatro y los seis meses aumentará su tonalidad muscular, por tanto, aunque lo hayas puesto en su tapete de juegos, tendrá la fuerza para arrastrarse en busca de nuevas texturas (telas, madera y todo lo que esté a su alcance). Si quieres ayudar, puedes facilitarle algunos objetos que no lo pongan en riesgo y capten su interés. Como aún es pequeño puedes regalarle un columpio con muñequitos colgantes... para esas manos inquietas no hay nada mejor.

De seis meses a un año

El niño se ha convertido en un pequeño aventurero. Intenta tocar todo lo que está a su alcance y tiene los ojos bien abiertos para fijar su atención en el entorno. Se desplaza para jugar cerca de los objetos que le interesan. Por eso, debes darle una caja repleta de juguetes seguros y manipulables. Los fabricantes y las marcas, desde luego, pueden ajustarse a tu presupuesto.

Los juguetes musicales también pueden servir, por ejemplo, el xilófono o un teclado. Recuerda que éstos son doblemente interesantes porque estimulan tanto el tacto como el oído.

A los ocho o nueve meses tomará cosas pequeñas haciendo presión entre el pulgar y el índice... esto abre nuevas perspectivas para el juego: podría armar una pirámide hecha de aros apilables.

Recuerda que los juguetes que fomentan su aprendizaje sirven de "apoyo" para su desarrollo.

SÓLO PARA TUS OÍDOS

Si eliges juguetes electrónicos, procura que sólo tengan el botón de encendido y apagado. Muy pronto te verás aturdida por la música y los gritos-canciones que el bebé interpreta.

Pídele a tus amigos que se abstengan de prestarle cosas que el bebé pueda usar como tambor y dile a tu primo que se olvide de regalarle un camión de bomberos... el niño tiene mucha experiencia imitando los gritos, por lo que la sirena será un ruido muy molesto, mejor hay que evitarlo.

¿Me lo puedes cuidar? ¡Sólo será por una hora!¹

¡Ok! Soy su niñera y lo cuidaré… ¡pero no voy a cambiarle el pañal!

¹En este acto se habla de los financiamientos económicos que otorga el gobierno francés para los servicios y cuidados maternoinfantiles (N. del T.).

EXPOSICIÓN DE LA ESCENA

Esta tarde te invitaron a la casa de los Dufor y tu niñera de planta está enferma, no puede cuidar al bebé. Entonces te preguntas si deberías llevar al niño a la casa del jefe de tu esposo... te imaginas al pequeño monstruo con los dedos embarrados de chocolate y ya puedes verlo manchando los muebles del salón Luis XVIII de la señora Dufor. ¡Hay que encontrar una solución (y más vale que sea pronto)!

¿Qué piensas hacer?

TÚ EN TU PAPEL DE MAMÁ

Mamá 1. Mi vecina es mi amiga.

A través de préstamos de azúcar y huevo has simpatizado con tu vecina, la amable señora que casi nunca ve a sus nietos. En consecuencia, tu hijo se ha convertido en su adoración. Es muy probable que ella tenga algo que hacer esta noche, pero es casi seguro que con gusto dejará de hacerlo para cuidar de tu niño; sólo recuerda que quedarás en deuda.

Esta es una alternativa práctica y tranquilizante. "Mamá *cool*" tiene suerte, pero si la vecina no puede cuidar al bebé esta noche, lo más seguro es que esta mamá llame a otros contactos en su agenda de amigos... después de todo ¡a ella también le pedirán el favor!

Mamá 2. Jamás debo estar desprevenida.

"¡Una mamá organizada sabe enfrentar cualquier adversidad!" Ese siempre ha sido el lema. Has anticipado la situación y cuentas, por lo menos, con dos niñeras extra (siempre tienes un as bajo la manga en caso de que algo suceda). Una llamada telefónica y listo, caso resuelto.

Tras la velada, bastará un pequeño incentivo extra como agradecimiento por sus servicios de urgencia.

¡Prevenir suele ser la mejor solución! De hecho, es mejor alternar a las niñeras para que el bebé se familiarice con más personas y pueda reaccionar favorablemente en caso de una urgencia o indisposición.

Mamá 3. No me arriesgaré.

"Bueno... sí, con la señora Dufor por favor. ¿No se encuentra? Dígale que no me siento muy bien, vomité toda la tarde e iré al hospital. ¿Sonó convincente? ¿No? Entonces busque otra excusa. La niñera me canceló y no voy a permitir que cualquier persona se quede a solas con mi hijo."

¡No entres en pánico! No deberías arriesgar el trabajo de tu esposo por un problema de organización. ¿No podrías por una sola vez en la vida confiarle tu bebé a tu suegra? ¿No podría pasar tu hermana por él después del trabajo?

ESCENA 1
¿A QUIÉN PUEDO CONFIARLE MI BEBÉ?

Tenemos que acostumbrarnos a la idea de que vas a volver a trabajar, por lo que tendrás que separarte de tu pequeño muñequito. ¡Bienvenida al despiadado mundo de encargar a los hijos! Este es el penúltimo capítulo del libro y no debemos escatimar esfuerzos para que una joven madre aprenda a lidiar con sus problemas de organización. Por tanto, mientras tu vientre está creciendo, debes pensar en la solución más eficaz para saber qué hacer llegado este momento.

Con prueba de embarazo en mano, hemos visto numerosas mujeres jóvenes optar por la maternidad, incluso podríamos imaginarlas haciendo fila para conseguir un lugar en la guardería de su localidad.

¿Qué tipo de guardería escoger?

Para elegir el tipo de guardería hay que considerar criterios muy diversos, entre los cuales destacan:

- Qué quieres para tu hijo: ¿una estructura colectiva? ¿Cuidado individual?
- La comodidad de horario respecto de tu trabajo e intereses (horarios flexibles, parciales, completos).
- Los recursos financieros disponibles.

Una solución para cada tipo de mamá

Testimonios

Julieta, mamá de Lila (siete meses):

"Al principio yo era visceral. No podía dejar a mi niña en una guardería. Había puesto un retrato suyo en la oficina y casi no podía trabajar. No me di cuenta de que mi pequeña se sentía muy bien con su nana. Fue muy tranquilizador y desde entonces dejé de preocuparme. Ahora, trato de disfrutar las noches con mi niña y no sentirme culpable durante el día. Es lo mejor para ella... ¡y para mí!"

Ingrid, embarazo de cinco meses:

"¡Es una locura, mi bebé ya está inscrito en la guardería! Me dijeron que esas cosas pasan, que sucedió así nada más, aunque realmente yo no acabo de creerlo. Ahora que he visto las listas de espera, estoy convencida de que vivimos en un mundo competitivo: mi bebé aún no nace y debe ser el primero en llegar."

Ana Sofía, mamá de Enzo (dos años) y Carla (tres meses):

"Es una decisión que tomamos hace mucho tiempo, mi marido y yo. Ambos quisimos que yo dejara de trabajar para cuidar a los niños. Después de haber trabajado como asistente ejecutivo, me convertí en la jefa de mis asuntos personales: compras, lavar ropa, preparar biberones y administrar mi casa como si fuera una pequeña empresa.

Haciendo un pequeño estudio comparativo notarás que lo mejor será comenzar por las guarderías de estructura colectiva."

ESCENA 2
LA ESTANCIA COLECTIVA

¡Qué pronto te incorporaste al trabajo! ¡Y tu niño ha sido aceptado en una guardería! ¡Felicitaciones! Todo ha salido de maravilla, ahora sólo falta que se sienta feliz con sus nuevos compañeros.

¿En qué consiste?

Suelen ser administrados por el gobierno de la ciudad, o bien, por asociaciones privadas. Los niños son recibidos durante el día, dependiendo de tu horario de trabajo. Las guarderías colectivas aceptan bebés desde los 41 días de nacido hasta los cinco años. Los niños se organizan por bloques de edad y cada grupo tiene, por lo general, una decena de miembros. Durante el día se organizan diversas actividades donde tu pequeño convive con los demás.

Horarios: por lo general el servicio es de 7 a.m. a 5 p.m. con la opción de extender el horario por un costo adicional.

Costo: varía dependiento de la institución. Si tu hijo falta a la guardería ese día también te será cobrado.

Asistencia: para obtener información sobre apoyos del gobierno, visita las oficinas de tu delegación o municipio.

Los gastos retenidos corresponden al salario que pagas directamente a la niñera, o bien, a los montos destinados a la guardería. Los gastos relativos al cuidado del bebé que declares al fisco deben presentarse con la reducción correspondiente de los apoyos gubernamentales, incluyendo la provisión de servicios para los infantes.

Lugares disponibles: en las grandes ciudades, por lo general, la disponibilidad de lugares no suele ser un problema para las mamás trabajadoras con Seguro Social.

¿Quién se encarga de cuidar a mi bebé?

El personal está constituido por profesionales: la directora suele ser una puericultora avalada por el Estado, también puede ser una enfermera especializada o un médico. La directora siempre estará rodeada de auxiliares que se ocupen de los niños en las actividades diarias: una persona se encarga de cinco de los niños más pequeños (los que no caminan), otra por cada ocho niños que caminan. Toda guardería debe contar con un médico, o por lo menos, con visitas regulares de uno. Con frecuencia las guarderías también cuentan con un psicólogo.

¿Cuáles son las ventajas?

Los mayores beneficios que puede encontrar tu niño en una guardería es el trato con la colectividad, es decir, la socialización. Estar en contacto con otros niños es importante para su desarrollo. Los equipos se organizan a partir de proyectos pedagógicos que mantienen continuidad a lo largo de todo el año. Lo que se propone al niño es variado, divertido y en un ambiente controlado: pintar con las manos, cultivo de plantas, chapoteadero...

¿Cuáles son los inconvenientes?

Quien se junta con otros niños, se junta también con sus microbios... durante el invierno es muy común que el niño se contagie de gripe, pero hay que ser po-si-ti-vos, de cualquier manera ¡tu niño ya ha experimentado todas las enfermedades infantiles!

El problema es que, mientras tu hijo esté enfermo, debe permanecer en casa. Aunque es claro que si todo el mundo respetara esta regla los microbios no circularían y por tanto tu hijo no se habría enfermado ¿cierto? Recuerda que para los niños las jornadas en la guardería son prolongadas y muy cansadas: con ruidos, agitación, etcétera.

ESCENA 3
LA ESTANCIA FAMILIAR

Te encanta el compromiso, lo consideras el vínculo entre la socialización y la convivencia. Parece que lo has encontrado en este tipo de guardería, pero ¡cuidado!, a veces estos lugares son muy raros.

¿En qué consiste?

Se trata de un conjunto de asistentes de maternidad a cargo de una directora (enfermera o puericultora) avalada por el Estado. Los asistentes de maternidad se ocupan de uno a tres niños de entre los dos y tres meses a los tres años de edad.

La mayor parte del tiempo el bebé está al cuidado del asistente (mientras come o duerme), el resto del tiempo socializa con otros niños.

Horarios: son muy flexibles y se adaptan a tus tiempos, sin rebasar un límite de 10 horas por día o 50 horas a la semana.
Costo: también es flexible.
Asistencia: también puedes solicitar apoyo gubernamental.
Lugares disponibles: varían.

¿Quién cuida a mi bebé?

Los asistentes de maternidad avalados por el Estado, asistentes de puericultura y educadoras bajo la supervisión de la directora de la guardería. Esta vigilancia suele ser tranquilizadora para los padres, pues los asistentes de maternidad están controlados y no actuarán por sí solos. Por lo demás, el personal asiste a reuniones de capacitación.

¿Cuáles son las ventajas?

La socialización y las actividades… tal como en la guardería colectiva, salvo que, a diferencia de ésta, cuenta con un marco mucho más familiar, sensible y de convivencia. La relación con los asistentes de maternidad es más personalizada y el niño disfruta más de su proximidad.

¿Cuáles son los inconvenientes?

Los asistentes de maternidad están designados por los supervisores de la guardería, pues hay algunos que siempre son muy solicitados, por lo que limitan la posibilidad de elegir.

El contagio de enfermedades, como en toda colectividad.

ESCENA 4
LA ESTANCIAL PARENTAL

De pronto te dieron ganas de involucrarte en la educación de tus hijos, además tienes el tiempo y los medios, ¡sortea las dificultades e inténtalo!

¿En qué consiste?

Es una asociación de padres que se organiza para hacerse cargo de una guardería (desde el punto de vista pedagógico y administrativo). Se trata de un trabajo colectivo para cuidar niños en colaboración con un profesional. Cada uno de los padres se compromete a estar presente medio día a la semana. Por lo regular, una guardería parental admite un máximo de 20 niños.

Horarios: son increíblemente flexibles debido a que los papás realizan acuerdos entre ellos.

Costo: depende de la cantidad de ingresos.

Asistencia: todavía es muy limitada. A no ser que se trate de un proyecto para la creación de una guardería formal (es necesario estar muy motivado para resistir el largo camino para su fundación). El gobierno de la ciudad exige que las guarderías privadas tengan una estructura semejante a la guardería colectiva, con las mismas normas de trabajo y de seguridad.

¿Cuáles son las ventajas?

• El niño está en colectividad y tú también.
• Los padres participan en los proyectos pedagógicos con sus hijos.
• Ambiente fraterno y caluroso en el que se conocen otras familias.

¿Cuáles son los inconvenientes?

- La motivación: debes tener disponibilidad de tiempo para cumplir con los compromisos establecidos por la guardería (medio día a la semana).
- Por casi el mismo precio podrías conseguir una guardería donde no tengas que ocuparte de nada.

ESCENA 5
LA GUARDERÍA INFANTIL

"Justo para mis actividades matutinas...", "justo para darme un respiro y ocuparme de mí". Se trata de un apoyo preciso e indispensable.

¿En qué consiste?

He aquí un modelo de guardería de tiempo parcial: consiste en una estructura pública o privada que recibe a los infantes de menos de seis años durante algunas horas al día (no más de medio día cinco veces a la semana). Este tipo de atención infantil es empleado por mamás que no trabajan o cuyo trabajo es de medio tiempo. Es frecuente que las estancias colectivas, como las mencionadas líneas arriba, tengan una estructura de guardería infantil.

Horarios: varían.
Costo: varía.
Variabilidad de las tarifas: regularmente las tarifas son más altas en las guarderías privadas.
Lugares disponibles: depende de la guardería que solicites.

¿Quién cuida a mi bebé?

El equipo está conformado por una directora, un grupo de educadoras, asistentes y auxiliares de puericultura.

¿Cuáles son las ventajas?

Es una solución "provisional" que puede convertirse en "habitual". Permite a las mamás que no trabajan darse un respiro, hacer tiempo para ellas al mismo tiempo que el bebé socializa y conoce un ambiente distinto al de casa, lo que facilitará en un futuro su ingreso a la escuela.

¿Cuáles son las desventajas?

El contagio de enfermedades.

ESCENA 6
LA ASISTENTE MATERNAL

Es la solución ideal si lo que buscas para tu hijo es un trato personalizado. Sin embargo, lo primero será encontrar una, son tan raras como una aguja en un pajar.

¿En qué consiste?

En la asistencia maternal le confiarás tu hijo a un asistente maternal que puede ocuparse de niños entre uno y tres años de edad en su propia casa. La cantidad de niños a su cargo será variable de acuerdo con su experiencia, las características de su casa y la edad de los niños.

Por lo regular los asistentes maternales son mujeres, su casa es supervisada por dependencias gubernamentales cuyos programas se ocupan de la maternidad y la infancia. Dichas inspecciones tienen la finalidad de corroborar el buen funcionamiento de las actividades.

Como "patrón" de esta persona, debes asumir la gestión administrativa de su salario.

Horarios: son flexibles.

Costo: el salario se establece de común acuerdo por el empleador y el asistente maternal. No puede ser inferior al monto mínimo establecido por la ley.

Debes saber: que en caso de que tu hijo no acuda con el asistente maternal (salvo en caso de enfermedad o impedimento de gravedad), deberás pagar una "indemnización por ausencia".

Lugares disponibles: los asistentes maternales no son numerosos.

¿Cuáles son las ventajas?

El niño establece una relación "afectiva" con esta persona, es una especie de "madre sustituta" con la que pasará mucho tiempo. El hecho de que haya sido avalada por el Estado es una señal de confianza y seguridad. Si es dinámica, proactiva y motivada contribuirá a que tu bebé descubra el mundo, bien despierto y atento a su alrededor. Ella debe respetar tus reglas en lo que concierne al sueño, la comida, la limpieza, etcétera.

Si tu hijo está enfermo y no se trata de algo grave o contagioso, ella podrá cuidarlo como de costumbre.

¿Cuáles son los inconvenientes?

- Todo depende de la persona que encuentres: es necesario aceptar su universo, sus métodos y sus motivaciones. En una relación tan personalizada, a veces nos sentimos tentadas a comparar nuestras cualidades maternas con las de la asistente... y lo más difícil de todo es poner a tu hijo en manos de otra mujer. Una relación tan exclusiva es difícil de llevar cuando el pequeño nos tiene a nosotras.
- El niño puede carecer de socialización.
- No sabrás a ciencia cierta si contará con actividades, paseos y contacto con otras personas.

FORMALIDADES PARA LA CONTRATACIÓN

- El contrato de trabajo. Es importante conocer y resolver todas las cuestiones por discutir, desde el punto de vista legal.

- Informe trimestral de nómina. Debes enviar una declaración que indique el número de horas trabajadas y el salario neto por hora que pagas a tu empleado. Posteriormente, el fisco calculará el importe que corresponde a tus cotizaciones.
- Boletín salarial. Para ayudarte a preparar los pagos, el fisco ofrece boletines informativos simplificados.
- Seguros. Cerciórate de que tu asistente maternal cuente con un seguro de responsabilidad civil profesional y que sus beneficios cuenten con extensión a terceros.

ESCENA 7
LA NANA A DOMICILIO
(O EMPLEADA FAMILIAR)

¡Qué difícil es encontrar alguien que además de hacerse cargo de "la niña de tus ojos" también sea la responsable de las llaves de la casa! Más que una moda y comodidad, es un asunto de confianza.

¿En qué consiste?

Vas a emplear a alguien que vaya a tu domicilio bajo tu propia responsabilidad. En conjunto discutirán los horarios así como las tareas y quehaceres domésticos relativos al cuidado del niño (todo debe quedar estipulado por contrato).

Horarios: puedes definirlos de acuerdo con tus obligaciones profesionales.

Costo: varía en función de la experiencia, las responsabilidades y las capacidades.

Para reducir los costos, puedes considerar el "cuidado compartido" del bebé. Si conoces alguna familia interesada por este modo de "cuidado infantil", con la cual tengas ciertas afinidades (proximidad geográfica, métodos de educación parecidos, etc.) podrías proponerle compartir una misma niñera, de este modo, ambas familias reducen gastos. Si las dos familias lo desean, los cuidados infantiles pueden alternarse entre un domicilio y otro.

¿CÓMO RECLUTO UNA NANA?

Por lo regular a través de anuncios (que te han proporcionado o has seleccionado). También existen organizaciones especializadas que te facilitarán la tarea pero que, a cambio, cobran comisiones elevadas. A diferencia de las asistentes maternales, las nanas no tienen certificación oficial, por lo que el criterio de selección se efectuará de acuerdo con su experiencia.

Para todo tipo de reclutamiento conviene tener a disposición una amplia variedad de candidatos, de esta manera podrás elegir al que más te convenga.

Evidentemente la tarea es delicada porque, además de confiarle a tu hijo, le estás abriendo las puertas de tu casa... ¡una decisión nada fácil cuando no se conocen los genes!

Consejos: durante las entrevistas de selección, debes estar atenta a la manera en la que el candidato se comporta, cómo se dirige y mira a ti y a tu hijo.

- Explícale al candidato tu estilo de vida (tus horarios, tu concepción de la educación), pregúntale si está de acuerdo con ciertas tareas y quehaceres (hacer la comida, capacitarse en cuidados infantiles, etc.).
- Pide referencias sobre su trabajo, pero lo más importante, ¡verifícalas!

Procedimiento

Así comienza la lucha burocrática:

- Debes declararte ante el fisco como un empleador.
- Envía una declaración de nómina, indicando el número de horas trabajadas y el salario neto de tu empleado. También debes establecer los horarios en los que trabajó tu empleado.

- El fisco calculará el monto que hay que cubrir de las cotizaciones sociales que debes realizar.
- Habrá que establecer un contrato que especifique la naturaleza del trabajo, y los horarios.
- Debes asegurarte de que tu futuro empleado esté afiliado al Seguro Social. Si no fuera el caso, tú eres la responsable de realizar el trámite correspondiente.
- Debes realizar una tabla de salarios mensuales para tu empleado.

¿Cuáles son las ventajas?

Para el bebé:

- Permanece en la casa con sus propios juguetes y hábitos familiares.
- Se mantienen sus horarios y ritmo de vida.
- Tienes mayor control sobre las condiciones ambientales a las que está expuesto.
- No está en contacto con los microbios de otros niños.

Para la mamá:

- Los horarios son completamente flexibles, en este aspecto no tienes por qué estresarte.
- Eres completamente libre de elegir a la persona que cuidará a tu hijo.
- Puedes delegar ciertas labores del hogar.
- Tienes una ganancia de tiempo considerable para ti misma, tu hijo y tus obligaciones.
- Si el bebé está enfermo sabes que hay alguien dedicado a cuidarlo.

¿Cuáles son los inconvenientes?

- El pequeño no tendrá contacto con otros niños de su edad.
- Su sueño dependerá del entusiasmo que la nana ponga en hacerlo dormir.

- Es muy difícil encontrar "la aguja en el pajar", es decir, una persona calificada, seria, dinámica y abierta (¡seguramente ese es el perfil que buscas!).
- Las vacaciones son un problema para la nana: no suele tomarlas al mismo tiempo que nosotros.
- Es una solución costosa.

LAS JÓVENES "COMPAÑERAS"

También llamadas au pair. Constituyen una solución de tiempo parcial: cinco horas al día, seis días a la semana y tres noches al mes.

Suelen tener entre 18 y 30 años, toman cursos en alguna escuela o universidad reconocida por el gobierno. Debes proporcionarle un gasto mínimo de cobertura y el costo de su transporte.

El gobierno o institución que te pone en contacto con ellas se encarga de matricularlas en el Seguro Social. Por tu parte debes pagar cotizaciones calculadas sobre la base de un trabajo de tiempo completo remunerado por el salario mínimo. Esta solución, sin embargo, no te permitirá obtener una reducción de impuestos.

ESCENA 8
LA NIÑERA

Para esa velada especial o una tarde de cine con el hombre de tu vida… o quizá para un encuentro placentero con las amigas, no hay opción más útil que la niñera.

Por lo regular la llamamos para que cuide al bebé por la noche (¡una mamá también necesita un poco de vida social, salir, ver a sus amigos, ir al cine, cenar a la luz de las velas con su pareja!). Es posible que ya la conozcas o te la hayan recomendado, puede ser la hija de una amiga, una vecina, una estudiante que puso un anuncio… en cualquier caso, lo principal es la confianza.

Desde luego es aconsejable conocerla antes de la primera noche de trabajo, poner a prueba su motivación e interés, darse una idea de sus capacidades y averiguar si es una persona seria.

Algunos consejos

- Durante la velada no dudes en llamarla cada vez que sientas el angustiante impulso de hacerlo (no importa si ella te considera preocupona o anticuada).
- Cerciórate de que tenga tu número celular.
- Déjale algo bueno de comer en el refrigerador.
- Indícale dónde está el botiquín de primeros auxilios.
- Vuelve a la hora prevista, o bien, anticípale que llegarás tarde.
- Llévala a su casa o solicita y paga un taxi que la lleve.

Por regla general, más vale conocer dos o tres niñeras con las que se pueda contar, de esta manera siempre habrá una disponible. Si te encuentras satisfecha con los servicios de una niñera joven y amable: consiéntela, encontrar otra así será difícil.

ESCENA 9
LA ABUELITA, LA MEJOR
COMPAÑÍA FAMILIAR

Si prefieres un ambiente familiar es tu mejor opción. No sólo cuidará al bebé, también lo educará. ¡La abuelita representa una verdadera comodidad para la mayoría de las mamás!

Confiarle tu bebé a un miembro de la familia parece ser la solución más simple, natural y económica.

Cuando esto es posible (es increíble la cantidad de abuelitas que trabajan actualmente) las mamás suelen sentirse más libres y confiadas por tener a alguien de su entera confianza a su disposición.

Quizá sólo haya un inconveniente: el pequeño monstruo está acostumbrado a gatear, rodar y tocar todo en casa de los abuelos y muy probablemente sea inadecuado imponer tu concepción educativa en una casa que no es la tuya. Contradecir los principios de tus suegros puede ser un asunto delicado, así que toma tus precauciones. A menudo es necesario mantener la boca cerrada... ¿Quién, además de la abuela, querría hacerse cargo del bebé un 31 de diciembre?

ESCENA 10
¿Y SI MEJOR ME QUEDO EN CASA?

Seamos honestos, esta idea ya había pasado por tu mente. De hecho, no habías podido contener las ganas de ocuparte del bebé personalmente y de tiempo completo... sin embargo, se trata de un dilema entre tu instinto maternal y la decisión racional de retomar tu carrera en el punto que la habías dejado.

Es una ecuación casi imposible de resolver: dedicarte a tu vida profesional o aceptar el desafío de tener una familia feliz. Todas las mujeres que trabajan y alcanzan el éxito laboral, suelen tener la sensación de estar incompletas en algún ámbito de su vida, de haber "perdido" algo. Entre el progreso de aquello a lo que nos dedicamos y la culpa por consagrarte a tus hijos, la elección siempre es difícil. El permiso por maternidad te dará una idea de cómo es vivir una vida hogareña. Con frecuencia, al término de este periodo, las dudas y cuestionamientos aparecen con todos los pros y contras de la elección por venir.

Sin entrar aquí en un debate del cual sólo tú tienes la última palabra, no hay razón para juzgar la elección que tomes. Ahora bien, si este periodo de prueba no ha sido suficiente y aún tienes dudas; si el dilema es tan grande que sufres por no poder ocuparte de tu bebé, pero amas demasiado tu trabajo y sientes que es una de tus razones para vivir... he aquí algunas cuestiones que te serán de utilidad para que, más tarde, no haya de qué arrepentirse.

¿QUÉ TE MOTIVA?

Toma papel y lápiz para responder las siguientes preguntas:

- ¿Cuánto queda de mi salario después de haber cubierto los gastos de la guardería, el transporte, los impuestos y otras cosas que implica mi vida profesional?
- ¿Qué tan bien puedo manejar el hecho de que mi bebé esté a cargo de alguien a quien no conozco?
- ¿Es aceptable retirarme de la vida social y de mis relaciones para privilegiar la educación de mi bebé?
- ¿Mi trabajo me ofrece la posibilidad de un horario flexible (tiempo parcial o en casa)?
- ¿Siento la necesidad de sentirme valorada por mi estatus profesional?
- ¿Me gusta de verdad aquello a lo que me dedico?

DEBES SABER QUE...

Un niño prefiere una mamá que se sienta contenta: si ella está feliz de trabajar y consagrar todo su tiempo a sus actividades, él estará satisfecho. Si, por el contrario, ella asume totalmente su rol de mamá y la vida hogareña, él se sentirá encantado de estar con ella todo el día.

Ser mamá está bien, pero ante todo: ¡soy mujer!

EXPOSICIÓN DE LA ESCENA

Es seguro, con un simple pase mágico volverás a ser la ninfa que eras hace poco más de nueve meses. (¿Dónde se esconde el hada madrina? ¡Vamos! ¿Por qué no dice nada?)

Convertirse en mamá es cruzar y verlo todo desde un ángulo muy distinto… con un poco más de preocupación y mucho sueño atrasado, pero también con el vientre un poco menos firme y tonificado.

¿Pero no es esta una razón suficiente para transformarse, y recordar que ante todo una mamá es una mujer?

TÚ EN TU PAPEL DE MAMÁ

Mamá 1. Todo está como antes.

Tu bebé de 3 kg te hará perder tu reputación de chica fiestera y reina de la pista de baile, pero desde luego que no vas a renunciar a las comidas con tus amigas, ni a las salidas al cine, en una palabra, no te vas a ¡sacrificar!

¡Bravo! Recobrar tu vida social es muy bueno para tu ánimo y satisfacción personal. Sin embargo, no es seguro que rápidamente adoptes esta postura.

Mamá 2. Todo está bien, pero es diferente.

Realmente sientes la diferencia entre el "antes" del niño y el "después". Física y moralmente eres consciente de que tus intereses se han desplazado y ahora tienes otras prioridades. Por eso estás convencida de que, si la transición es natural, tu vida no debe ser puesta en cuestión... ya encontrarás la manera de no perder a tus amigos ni tu vida social.

¡Felicitaciones! Has aprendido que es necesario adaptarte a tu nuevo ritmo y responsabilidades... ¡sin que te asfixien! De cualquier forma, estás segura de que tu hijo prefiere una mamá alegre y radiante.

Mamá 3. Ya todo es cosa del pasado.

Tu nueva situación es una oportunidad para realizar un cambio radical... sólo has vivido a través del bebé y parece que no puedes recomenzar tu vida "normal" (y dejar de revisar cada cinco minutos que tu niño sigue respirando). ¡No te condenes a una vida monótona donde las salidas, cenas románticas y amigos parecen ser recuerdos!

Cuidado: ¡estás en la mira de la depresión! Ni siquiera hace falta decir que tus intereses han cambiado, pero no debes olvidar que ser mamá no quiere decir que hayas dejado de existir como mujer... ¡todavía te falta mucho camino por recorrer!

ESCENA 1
RECUPERA LA LÍNEA

Quienes se jactan de entrar en unos jeans a la cadera al salir de la maternidad, ¡deberían avergonzarse! ¡No queremos escucharlas! (Nadie les dijo que mentir es algo que está mal!).

Sería muy raro que alguna mamá no haya ganado ni el mínimo de peso tras su embarazo (el famoso kilogramo por mes), por lo que, seguramente, después del parto se encontrará con algunos kilogramos de más.

Para recuperar la línea y la autoestima no hay nada más rápido que un pequeño programa de dietas y ejercicio.

El regreso a la normalidad

Tras el parto perderás unos 6 u 8 kg de golpe. Sin embargo, es muy posible que aún haya kilogramos de más...

Debes sacar de tu cabeza la idea de comenzar con una dieta inmediatamente después del alumbramiento. Tu cuerpo ha sido sometido a pruebas muy arduas y es indispensable ser indulgente con él. Tendrán que pasar algunos meses para que recupere el metabolismo que tenía antes del embarazo. Por tanto, no es aconsejable ponerse verdaderamente a dieta (recuerda que estarás muy fatigada las primeras semanas y no vale la pena debilitar tu salud). No obstante, sí es posible que desde el comienzo recuperes los hábitos alimenticios que perdiste durante los últimos meses (olvídate de comer entre comidas, de los antojos y disminuye las porciones de comida).

Los alimentos nutritivos

Ni se te ocurra alimentarte sólo de dos granos de arroz y tres hojas de lechuga "¡tu cuerpo tiene necesidad de energía! ¿Cómo te ocuparás del bebé sin fuerzas? Apuesto a que no habías pensado en eso.

Hay alimentos que resultan sumamente benéficos para tu recuperación, ¡no lo dudes y consíguelos ya!:

- Los carbohidratos: son una rica fuente de energía y los necesitarás para prevenir accidentes cardiovasculares. A los azúcares, por el contrario, ni siquiera les debes dirigir la mirada.
- Las vitaminas: te harán falta de todo tipo. Ahora, como nunca antes, las frutas y verduras serán tus mejores aliadas.
- Las proteínas: es posible que tu masa muscular haya disminuido en los últimos tiempos (dejaste de hacer ejercicio y has estado en reposo), por lo que serán ¡un alimento capital!

Si estás amamantando… No hay un régimen específico para el periodo de lactancia. Sin embargo, para producir la leche que tu bebé requiere, tu cuerpo exige mucha energía. No te limites demasiado, mientras amamantes tendrás la necesidad de satisfacer el hambre de tu bebé.

NOTA: Se dice que amamantar nos ayuda a perder peso. Es posible, pero sólo a largo plazo (al menos tres meses) y únicamente si has cuidado muy bien tu alimentación.

Algunos consejos:

- Aumenta tu consumo de calcio (concéntrate en los productos lácteos sin incluir aquellos que sean muy grasosos).
- Toma muchos líquidos (verás lo sedienta que estás), específicamente agua.
- Intenta con el lúpulo (¡pero no procesado como cerveza!) o el hinojo (en cápsulas), ambos favorecen la producción de leche.
- Consume las llamadas "grasas buenas", omega 3 por ejemplo, para darle a tu hijo los nutrientes que requiere.
- Fracciona las comidas, de esta manera la digestión será más fácil y, sobre todo, tendrás energía para continuar.

ESCENA 2
RECUPERA TU CUERPO DE ATLETA
(INCLUSO SI JAMÁS LO HAS TENIDO)

No tiene que ser mañana el día que tengas que lucir tu perforación en el ombligo. ¡No deberías ser tan exigente! Tu desafío actual está claro: ¡recuperar la figura! Será una buena ocasión para adaptarte a un ritmo de vida saludable y dinámico.

Hay que tomarlo con calma

No está a discusión, no debes hacer un deporte en estos momentos, de hecho es algo totalmente desaconsejable. Tendrás que esperar entre cuatro y seis semanas... quizá más. Después (entre la sexta y octava semanas, tu ginecólogo te enviará a sesiones de rehabilitación para el perineo o, si tuviste cesárea, una rehabilitación suave para estimular los músculos con el fin de que recuperen su actividad normal.

Antes de esto siempre será posible hacer caminatas (incluso con tu nuevo accesorio: la carriola). No es un deporte muy vigoroso, pero cuando es practicado a un ritmo sostenido (no se trata de dar pasitos lentos mientras miras los escaparates) quemas muchas calorías y vuelves a tonificar los músculos.

A no ser que haya contraindicaciones, también puedes practicar natación que, gracias a su ligereza, no lastima los órganos delicados.

Abdominales

Cuando el perineo haya sido rehabilitado podrás hacer abdominales, pero, ¡cuidado! No serán series prolongadas, debemos comenzar con movimientos suaves.

Para no lesionarte, la mayoría de ejercicios tendrán que hacerse en el piso.

Al principio debes trabajar, primordialmente, los músculos que se encuentran en la cintura, después los músculos internos de los muslos (los aductores), por ejemplo, haciendo presión con las rodillas sobre una bola de tenis, por último pasarás a los músculos abdominales profundos antes de comenzar de nuevo.

La parte baja del abdomen se ve notablemente afectada durante el embarazo (si el bebé es grande pueden estirarse mucho para contener el peso), por ello no podrás forzarla durante algún tiempo. No olvides la bicicleta, saltar la cuerda y todos los ejercicios que demanden esfuerzo en las piernas a partir de una posición horizontal sobre el suelo.

El resto del cuerpo

Sin duda, el resto del cuerpo siente la necesidad de estar a la altura. Después de los primeros cuatro meses podrás retomar los ejercicios cardiovasculares al aire libre o en aparatos, así como practicar moderadamente (tenis, natación o ciclismo).

✋ ¡Cuidado! A las maratonistas que tuvieron un bebé, les recordamos que han hecho muy bien al esperar un año entero antes de reiniciar su actividad favorita.

También puedes hacer estiramientos o tomar clases de aerobics, este es un medio muy recomendable como preparativo para recuperar tu condición física.

> ## No olvides
>
> Que no debes forzar tu cuerpo ni ejercitarte hasta el agotamiento (no estás entrenando para conseguir una medalla olímpica).

Cualquiera que sea la actividad que practiquemos, hay que realizarla dos veces por semana, de lo contrario no tendremos oportunidad de obtener resultados.

Vuelve a ser escultural

Durante tu embarazo quizá hayas hecho mal en acostumbrarte a tu nueva imagen en el espejo y haber estado menos atenta a tu belleza (¡no es divertido ver tu propia cara hinchada!).

Después del nacimiento, sin duda tendrás ganas de cuidar tu aspecto. Por ello, no tardarás en volver al sauna y hacer una cita en el salón de belleza (nada te lo impedía antes, es sólo que no tenías ánimos de ir), solicita una depilación sin pena alguna (en estos últimos tiempos dejaste crecer demasiado el vello).

> ## Debes saber que...
>
> A pesar de que tu cabello tenía un aspecto radiante durante el embarazo, después del alumbramiento será otra cosa. Esto se debe a que durante el embarazo las hormonas contrarrestaron la caída del pelo (de ahí que lo notaras más voluminoso), pero ahora ¡podrías perderlo de golpe! Debes guardar la calma y hacerle una visita a tu médico, él te recetará un tratamiento para disminuir los daños.

ESCENA 3
RECUPERA TU VIDA SOCIAL

Tu vida ha tomado un nuevo rumbo; tu existencia, un nuevo sentido. A partir de ahora tus expectativas giran en torno a un nuevo objetivo.

Por tanto, si tener un niño te ha colocado en el "territorio parental" debes tener cuidado de que no te aprisione ahí y cortes tus lazos con el mundo. Es tan sólo una cuestión de supervivencia.

¡Tus amigos existen!

Sin duda, todos tus amigos te fueron a visitar cuando estuviste en la sala de maternidad, o bien, mientras te recuperabas del parto en tu casa. Recibiste muchos regalos, tomaron muchas fotografías y te felicitaron como era debido, pero ahora que han pasado días y semanas... sientes que las cosas han cambiado.

Quizá ahora recibas menos invitaciones para salir, aunque con las tres horas de sueño diarias es muy probable que no tengas ganas de una noche de "halloween" (¡es una lástima! ¡Habría sido la primera vez que no hubieras tenido que maquillarte para parecerte a Drácula!).

Seguramente hasta antes de convertirte en mamá no habías reparado en la diferencia que separa a tus amigos que ya son papás de aquellos que no lo son aún. Por ahora tienes la impresión de que existen dos clanes: el de los que conocen los cuidados necesarios para cambiar un pañal y los que sólo piensan en la fiesta de la próxima semana. Sin duda la brecha que se ha abierto entre ustedes seguirá creciendo.

Si tanto te preocupa perder la amistad de aquellos amigos que no conocen la dicha de ser padres, quizá podrías:

- Invitarlos a tu casa: así no estarás obligada a contratar una niñera, pero será necesario hacer un esfuerzo para animar a tus amigas a cambiar un pañal o convencerlas de dar biberón.
- Procura que la conversación se centre en temas distintos al bebé... aunque éste sea el actual centro de tu vida.
- No los invites a ver la película del alumbramiento o las fotografías de los primeros días... viendo un bebé tan bonito se sentirán obligados a elogiar a su progenitora y eso podría cansarlos.

Reuniones con tus amigos que sí conocen la dicha de ser padres:

- Nunca compitas: "mi hijo es más guapo", "mi hija es la más inteligente", "el mío ya se sienta por sí solo", "ya le salió el primer diente", etcétera.

- No permanezcas "anclada" a un mismo tema: si evocas las dificultades para escoger una guardería, cambia rápidamente el tema y habla de los pañales, de los chochos homeopáticos, intenta cualquier cosa. Desde luego, será imposible hablar de cine (ya que hace tiempo que no vas), tampoco de música (desde que estás en casa has permanecido en silencio) y mucho menos de la ropa de última moda (en tu tienda favorita no tienen tu talla actual). ¡Estas conversaciones van a requerir mucha imaginación!
- En lugar de todo esto podrían planear algo interesante, ¡para eso están los amigos! Por ejemplo: fulanito conoce un súper pediatra, zutanito te dará la dirección de un sitio de Internet donde te traen las compras a domicilio y siempre hay productos con descuento, a cambio tú les contarás el secreto de tu puré de espinacas: ¡hay que combinarlo con otras verduras!

Mantén tus relaciones con tus colegas de trabajo

A no ser que trabajes rodeada de tiburones (ese tipo de personas estarán muy contentas de saber que estarás ausente durante tres meses e intentarán quitarte tu trabajo, ponerte retardos y hacerte sentir culpable), es posible que tengas ánimos de informar a tus colegas de trabajo sobre el nuevo acontecimiento en tu vida.

Por lo regular, suele ser muy placentero mostrarle a todo el mundo tu pequeña maravilla, si lo llevas a tu trabajo puedes aprovechar para recorrer las oficinas y:

- Desahógate, cuéntales un poco de ti.
- Presentar al bebé con tu jefe (descubrirás que tiene 12 nietos y conoce un sinfín de canciones infantiles).
- Buscar los consejos de mamás experimentadas.
- Preguntar sobre las novedades en el trabajo... trata de informarte sobre lo más importante, los casos más destacados y, sobre todo, de los chismes (para que no vayas a cometer una equivocación a tu regreso).

ESCENA 4
RECUPERA LA INTIMIDAD
CON TU PAREJA

He aquí un problema delicado y espinoso que produce angustias secretas. Recuperar la intimidad después del parto es una auténtica cuestión de pareja, la cual puede presentarse como un tema de discordia, por lo que amerita recibir un trato directo y sin pudor.

Seamos realistas

Aquellas que reencontraron el amor sin dificultades, sintiendo el "aguijón del deseo" inmediatamente después del parto, que levanten la mano... así podremos burlarnos de ellas en coro.

Los cambios hormonales, las noches cortas, el proceso de lactancia, la cicatriz (episiotomía o cesárea), el sobrepeso... lamentablemente no fomentan el atractivo sexual, por lo que tu libido disminuye. No te preocupes, esto es normal. No vale la pena sentirse culpable, a toda mamá le ha pasado lo mismo.

Sin embargo, el amor siempre estará ahí (o eso sería lo deseable) y será necesario que te convenzas de que un día no muy lejano volverás a ser la chica coqueta que solías ser nueve meses atrás.

Las preguntas que todas
nos hacemos

¿Mi "zona íntima" recuperará su forma original? (¿Dejará de parecerse a una caverna en la que hay eco?) Le tomará algo de tiempo a la vagina y al perineo recuperar su elasticidad, además será necesaria una rehabilitación adecuada para recuperarse más rápido.

¿Mis senos volverán a ser "objeto de deseo" después de haberse convertido en fábricas de leche? Durante el periodo de lactancia los senos se convierten en los objetos de deseo masculino más codiciados, aunque para ti es otra historia: ¡por primera vez son funcionales! Cuida de ellos con el fin de restaurar su belleza, una vez que hayan cumplido con su misión, volverán a desempeñar su antiguo papel seductor.

¿Mi pareja volverá a desearme? (¿Incluso si mi vientre se pone flácido, mis pechos se vuelven pesados y hay arrugas en mi rostro?) ¡Por supuesto! En primer lugar porque durante esos meses se sentirá un poco frustrado... pero sobre todo porque te ama (además de que te ha dado un hijo para probártelo). El amor no depende sólo de la apariencia física. Además tu pareja sabe que este estado sólo es transitorio (¡o eso esperamos!).

¿Será doloroso intentarlo? El miedo a ser lastimada puede causar bloqueos, frigidez... es cierto que la cicatriz de episiotomía puede provocar un poco de dolor o incomodidad. A menudo también se presenta cierta sequedad vaginal debido a la falta de lubricación. Para solucionarlo puedes usar lubricante, será de gran ayuda. No dudes en discutir tus preocupaciones con tu ginecólogo durante la consulta de control posterior al primer mes después del parto.

Testimonios

Gabriela, 26 años, mamá de Julio (tres meses):

"No puede decirse que recuperar la actividad sexual sea algo fácil... yo me sentía asustada y llena de aprensión, pero la gentileza y la comprensión de mi esposo realmente facilitaron las cosas."

Toma tu tiempo

A menos que tu pareja sea un monstruo libidinoso completamente despojado de compasión, no debe inquietarte tomar el tiempo necesario para dejar que tu cuerpo redescubra el deseo. ¡Atención! Es bien sabido que la "comida sólo se antoja ya que estás comiendo" y a veces ayuda poner un poco de tu parte para dar el primer paso. Tampoco se trata de esperar a que el bebé cumpla el primer año para hacer florecer nuevamente el antiguo deseo sexual.

Por el contrario, si tienes algo de prisa, tendrás que aguardar a que cicatricen las heridas: de la cesárea, un mínimo de 20 días; de la episiotomía, entre tres y seis semanas. De esta manera se reducen los riesgos de que se abran las heridas. Recuerda que antes de este periodo las contracciones en la piel suelen ser muy dolorosas.

En teoría...

No habría que perder de vista el aspecto psicológico de la sexuali-dad... Sabemos que el actual centro de amor y de atención es el bebé; además es posible que él duerma con ustedes o en el mismo cuarto, por lo que hay una especie de desconexión entre tu cuerpo y tu mente. Tales son las dificultades que habrá que combatir en tu cabeza.

Encuentra una nueva armonía

¡Sólo tú puedes encontrarla! Tu pareja también sabe que debe cum-plir con un nuevo papel... y no solamente el de papá, debe separar a la madre de su hijo y recordarle a su compañera que aparte de ser mamá, ¡es mujer!

Sin duda el diálogo entre ustedes será la mejor solución... debes contarle cuáles son tus reticencias y temores. No hay nada peor que aquello que se calla. ¡Seguramente él comprenderá tu situación! Y en cambio se mostrará paciente y dulce para motivarte a continuar la batalla. ¡Tengamos confianza en él!

Consejos para recuperar la pasión

La sexualidad no se reduce a la penetración, lo primordial es recupe-rar la ternura, las caricias que estimulen la renovación del deseo.

Recuerda todo lo que rodea a la sexualidad... el hecho de sentirte bella, deseada. Procura cuidarte y recuperar la coquetería, de este modo volverás a sentirte llena de confianza.

Redescubre tu cuerpo, baila un poco ante el espejo, compra ropa nueva, incluso si aún no has recuperado tu talla... es importante que tengas una buena imagen de ti misma. Ve al salón de belleza, acude al spa, etcétera.

Una cena romántica es una buena manera de retomar el camino de la armonía... luces hermosa, bebes una copa de vino y te dejas seducir por un hombre... ¡verás que encuentras nuevas sensaciones!

ESCENA 5
UN REGALO SORPRESA
¿LO INTENTAMOS DE NUEVO?

Valora las ventajas y los inconvenientes

Tener dos hijos en un periodo cercano es una cuestión que vale la pena pensar dos veces... pero, ¿no se irá el tiempo? Veamos...

Muchas veces no es algo que hayamos elegido verdaderamente (a veces faltó un poco de tiempo para planear la llegada del segundo hijo) y, por tanto, la diferencia de edades siempre será un punto que se debe discutir.

El segundo hijo (menos de tres años de diferencia)	El segundo hijo (después de una larga espera)
• Los niños pueden jugar juntos. • Cuidar a dos niños pequeños al mismo tiempo resulta ser muy cansado. • Se tiene el sentimiento de no disfrutar plenamente de cada uno de los niños, como si algo faltara. • Al concluir los primeros años sentimos que hemos concluido de una vez y para siempre. • Las enfermedades infantiles se presentan al mismo tiempo.	• Los niños no tienen los mismos intereses en el mismo momento. • Hemos tenido tiempo para respirar... aunque librarse de los pañales y los biberones no será tan fácil. • Ves crecer a tus hijos y disfrutas sus logros. • Hay menos celos entre hermanos. • El mayor puede ayudarle a su mamá y ocuparse de sí mismo. • Corres el riesgo de tener dos "hijos únicos".

Testimonios

Paulina, mamá de Sonia (18 meses), nuevamente embarazada (tres meses):

"Mi hermana y yo siempre hemos sido muy unidas, quizá por la cercanía de la edad... me gustaría que mis hijos pudieran vivir la misma experiencia..."

No existe un diferencia de edad que sea la ideal, demasiados factores influyen en el resultado final. Si la mitad de las personas quieren que sus hijos tengan entre tres y cinco años de diferencia, ¡bien por ellos!... sólo tú puedes saber si eres capaz de asumir un segundo embarazo tan próximo al anterior. Sin embargo, también depende, en primer lugar, de tu estado de salud y, en segundo, de tu proyecto familiar.

Prepara a tu hijo mayor

Este es probablemente el punto más importante... la llegada de un hermanito o hermanita es, sin duda, una conmoción para ti... pero lo es aún más para él.

Para los niños mayores, la llegada de un nuevo miembro a la familia representa un conflicto entre el deseo de crecer y seguir siendo un bebé. Además, tiene que compartir a sus padres con ese desconocido que ha llegado sin avisar... entonces, ¿por qué te mira de esa manera? Porque experimenta una confusión... ¡no puede elegir entre mantener tu atención cada vez que se hace pipí en el pañal o darte gusto haciendo en el orinal! Es algo que está más allá de su comprensión.

Por otro lado, los celos y la regresión son las dificultades más comunes que habrá que enfrentar. Tenemos que hacerles llegar un mensaje: el amor de los padres no se divide en dos, se duplica y crece con cada niño...

Cuando el hermano mayor es más grande, será lo suficientemente independiente y maduro para entender quién es el "intruso" que ha llegado. De este modo podrá involucrarse en la nueva dinámica para ayudar a sus padres y "jugar a ser el mayor". Esto influirá en su orgullo y autoestima. Sin embargo, también puede sentir que invaden su territorio y, en consecuencia, ser duro con sus papás, con su hermano y consigo mismo.

Si tal es el caso habrá que decirle al niño: "¡está bien si tu hermano no te simpatiza, pero no por eso tienes el derecho de ser cruel con él!"... ¡Hará falta convencerlo!

Cualquiera que sea tu decisión debes comprender que un segundo hijo es también una segunda aventura... por supuesto, tan bella como la primera.

La publicación de esta obra la realizó
Editorial Trillas, S. A. de C. V.

División Administrativa, Av. Río Churubusco 385,
Col. Gral. Pedro María Anaya, C. P. 03340, México, D. F.
Tel. 56884233, FAX 56041364

División Logística, Calzada de la Viga 1132, C. P. 09439
México, D. F. Tel. 56330995, FAX 56330870

Esta obra se imprimió
el 18 de abril de 2013, en los talleres de
Grupo Industrial Monte Sion, S. A. de C. V.

B 90 TASS ◉